POEMAS

EMILY DICKINSON

Poemas

Edición bilingüe de Margarita Ardanaz

Traducción de Margarita Ardanaz

QUINTA EDICIÓN

CATEDRA

LETRAS UNIVERSALES

1.ª edición, 1987
5.ª edición, 2002

Diseño de cubierta: Diego Lara
Ilustración de cubierta: TDS

© Ediciones Cátedra, S.A. (Grupo Anaya, S.A.), 1987, 2002
Juan Ignacio Luca de Tena, 15. 28027 Madrid
Depósito legal: M. 40.351-2002
ISBN: 84-376-0637-3
Printed in Spain
Impreso en Closas-Orcoyen, S.L.
Paracuellos de Jarama (Madrid)

Este libro está dedicado
a
Francisco Castaño
con quien también comparto
la pasión del lenguaje,
que es otro nombre de nuestra pasión.

Las «Indian Pipes» pintadas por Mabel Todd y enviadas a Emily en septiembre de 1882. La misma flor figuraría en la cubierta del primer volumen de la primera edición de los poemas, de 1890.

INTRODUCCIÓN

Daguerrotipo de Emily, hecho en Mount Holyoke en diciembre de 1847 o al principio de 1848.

EMILY DICKINSON Y SU ÉPOCA

CERCA de la medianoche del día 10 de diciembre de 1830 nacía en Amherst, Massachusetts, Emily Elizabeth Dickinson. Nadie hubiera sospechado entonces la extraordinaria importancia que este acontecimiento habría de adquirir con el tiempo para la historia de la literatura en lengua inglesa; sobre todo si pensamos que tras una vida anónima y callada, transcurrida en la casa familiar de un ortodoxo pueblo de la Nueva Inglaterra del siglo XIX, esta singular mujer habría de sorprender a su muerte a la comunidad poética con un legado literario de difícil parangón en la historia de las letras universales. Y esto se debe no sólo al peculiarísimo y hermético mundo poético que crea, sino a su absoluta desconexión con sus contemporáneos y con las corrientes y movimientos literarios del momento.

Emily Dickinson es una especie de isla en las letras norteamericanas, que instaura un lenguaje poético, una manera de concebir la unidad del poema, y un uso de la metáfora, insólitos hasta ese momento en la tradición poética norteamericana.

Y precisamente lo que más contrasta con la riqueza y originalidad de sus textos es el hecho de que la vida de la autora sea aparentemente insignificante, carente de grandes acontecimientos sociales y vivida completa y conscientemente al margen de los círculos literarios importantes de la costa este, como eran Boston o Nueva York.

Sorprende todavía más este hecho si pensamos que ese periodo coincide precisamente con el momento de mayor esplendor de las letras norteamericanas y cuyas figuras señeras componen el marco de lo que ya clásicamente se denomina Renacimiento Americano (American Renaissance)[1].

Al comenzar el siglo xix la andadura de su segunda mitad y más concretamente en el lustro que va de 1850 a 1855 se va a producir la mayor concentración de obras fundamentales, que van a configurar de manera definitiva las señas de identidad de la mejor tradición literaria norteamericana.

Pensemos simplemente en la fecha de aparición de las siguientes obras:

Representative Men ——— 1850 ——— Emerson (1803-1882)
The Scarlet Letter ——— 1850
    y
              Hawthorne (1804-64)
The House of the Seven Gables ——— 1851
Moby-Dick ——— 1851
    y
              Melville (1819-1891)
Pierre ——— 1852
Uncle Tom's Cabin ——— 1852 ———Harriet Beecher Stowe
                (1811-1896)
Walden ——— 1854 ——— Thoreau (1817-1862)
Leaves of Grass ——— 1855 ——— Whitman (1819-1892)

Figuras como las de Emerson, Hawthorne, Melville y Whitman, no sólo crean el panteón autónomo de la literatura norteamericana, posteriormente reconocido y aceptado por los europeos como el origen de la magna, genuina e independiente literatura del otro lado del Atlántico, sino que con ellos se instauran nuevos modelos literarios que un siglo más tarde se reconocerían ya como clásicos en la comunidad literaria internacional.

El ensayo y el pensamiento teórico van a tener su paladín en la persona de Ralph Waldo Emerson. Emerson impondrá un nuevo talante ideológico y moral a la *inteligentsia* americana. Sus ideas transcendentalistas serán rápidamente divulgadas a

---

[1] Para ampliar esta idea del Renacimiento Americano y, en general, de este periodo, ver F. O. Matthiessen, *American Renaissance,* Londres, Oxford University Press, 1941.

través de sus incansables viajes y de sus innumerables charlas, artículos y conferencias. El ejemplo de la integridad y credibilidad de este hombre bueno se convierte enseguida en una especie de estandarte popular para las nuevas generaciones de americanos, quizá más dispuestos a creer en el optimismo natural, predicado por un apóstol joven, alto y distinguido, que a leer sus textos y a reflexionar sobre sus supuestos teóricos y sus orígenes filosóficos[2].

Pero tiene razón Mark Twain cuando dice que el adjetivo famoso no se debería aplicar con propiedad a aquel hombre que hubiera sido conocido sólo por aquéllos capaces de juzgarle. Y, desde luego, Emerson no sólo fue el gran pope de las letras de su tiempo y embajador de las mismas en Europa, sino que fue un hombre famoso, y es justo decir que querido y respetado.

Emerson ayudó y estimuló siempre que pudo a los autores noveles y en torno a su persona existe una aureola de patronazgo intelectual justificada. (Pensemos simplemente en su relación con Thoreau o con Whitmann, y en la influencia que ejerció sobre ellos.) Siempre estuvo más cerca de la intuición y de la fe que asisten al poeta que del discurso lógico del texto filosófico sistemático; y quizá sea esta característica la que más nos reconcilia todavía hoy con sus escritos.

Hawthorne se siente seguro en la tradición literaria puritana y desarrolla ese estro ancestral de los padres fundadores de las primeras colonias, siendo quizá de todos los autores del XIX —con la excepción siempre excepcional de E. A. Poe (1809-1849), que es el primer autor que introduce en la literatura el subconsciente como parte del artificio literario moderno, y de la propia Emily Dickinson— el menos interesado en esa nueva realidad natural, abierta y democrática, que parecía ser América a los ojos de los flamantes padres del siglo de oro de su literatura nacional.

Hawthorne, desde su apartada y apagada situación personal

---

[2] La vida y la persona de Emerson están bien desarrolladas en el libro de Edward Wagenknecht, *Ralph Waldo Emerson, Portrait of a Balanced Soul*, Nueva York, Oxford University Press, 1974.

y laboral, se convierte en un investigador incansable de las técnicas narrativas, dotando a su escritura de una cualidad muy especial como es la de convertirla en una reflexión teórica sobre los límites y modos estilísticos. Su propia actitud vital y esa especie de impulso experimental hacia lo que hay dentro del propio texto más que a los aspectos extratextuales, históricos o sociales, es lo que, en mi opinión, puede acercar más la figura de Hawthorne a la de Emily Dickinson que a la de ningún otro autor decimonónico.

La novela se adentra de la mano de Melville por clásicas pero también nuevas veredas odiseicas en un magno intento de aunar los tres grandes rastros de la novelística occidental: la tradición griega del viaje como laberinto iniciático y camino catártico, la tradición de la novela de caballería en su versión cervantina, utilizada por los novelistas ingleses del siglo XVII como base de sus experimentos utópicos-distópicos y, finalmente, la tradición del viaje como vía de auto o reconocimiento de la figura singular y solitaria del héroe-antihéroe, que alcanza con Joyce su mejor versión del siglo XX.

Melville consigue además con *Moby-Dick* dotar a la prosa americana de una retórica especial en la que el yo del narrador (no por casualidad en primera persona) se convierte en un yo colectivo, en el que se pueden reconocer todos y cada uno de los lectores de esa nueva epopeya, trasunto literario de la propia intrahistoria americana.

Pero quizá el caso más espectacular sea el del nuevo torrente poético que viene propiciado por la pluma del mítico Walt Whitman.

Whitman se convierte en el padre de la poesía norteamericana no sólo por su ingente, selvática y orgánica obra poética, sino por su propia personalidad de nuevo bardo para la democracia. Incorpora a la poesía su experiencia vital y callejera y su gran oído, y dota al verso y a la prosa de la inmediatez del dato concreto, ausente hasta ese momento de la poesía americana.

Whitman introduce un nuevo elemento que con el tiempo se convertiría en una de las claves más fructíferas de las letras americanas: el mundo, la jerga y el estilo del periodismo en todas sus facetas. De pronto, los lenguajes de la calle, de los obreros, de las clases marginadas, de los objetos desechables de la ciudad, van a tener también un lugar en la eternidad del poema.

Whitman intentará reducir al máximo las distancias seculares entre el objeto y la palabra, entre lo concreto y lo abstracto, entre la verdad y la belleza, y, en definitiva, entre la vida y la literatura. En este esfuerzo, sin precedentes en su país, el yo poético de Whitman se va a empapar de manera generosa y abierta de todas las posibles contaminaciones de los aspectos tradicionalmente deleznables según la retórica poética: coloquialismos, *slang,* jergas profesionales y marginales, etc., hasta convertirse en el lenguaje más impuro posible (y precisamente por eso más hermoso), que es el único que puede dar razón de la complejidad circundante y del ya clásicamente denominado *Melting Pot* (textualmente significa crisol y alude figuradamente a los diversos grupos étnicos y de emigrantes que forman USA), una de las bases sobre las que se habría de asentar la democracia.

El lenguaje de las fábricas, de las granjas y del comercio se va a hacer protagonista a través del yo whitmaniano que canta por todos y para todos.

La Guerra de Secesión americana (1861-1865), que tanta importancia iba a tener para la futura historia del país, y que afectó a los escritores mencionados en su época de plena madurez vital y literaria, ocupa un lugar importante en las páginas-hojas (Leaves of Grass) de ese gran libro-río que crece y se complica como la ciudad misma, como la nación, como el paso del tiempo y de la historia, siempre atento a los más pequeños afluentes, pero sin perder nunca de vista el poderoso volumen de su cauce y la grandiosidad de su desembocadura.

Whitman es también el gran mentor del cuerpo humano; del cuerpo en sus aspectos físicos concretos, con sus limitaciones, sus miserias y sus grandezas; y también de los cuerpos dolientes y destrozados de los soldados heridos en la batalla. Ese narcisismo gozoso con el propio cuerpo, ese orgullo zoológico impuesto en voz alta y a plena luz, a través de un osado yo poético, instalan a Whitman para siempre en la modernidad y marcan la barrera insalvable frente a la gazmoñería puritana y religiosa de las encorsetadas almas de las comunidades pequeñas de Nueva Inglaterra.

Si bien es cierto que a veces nos chirría un poco esa imagen de Whitman excesivamente exhibicionista, charlatana y un tanto «naïve», no lo es menos que logró crear con éxito el personaje del poeta comprometido con su tiempo, inconformista y urbano, tan grato para la sensibilidad de las generaciones que le habrían de suceder.

Y mientras sucedían todas estas cosas ¿qué hacía Emily Dickinson? Posiblemente y como comentó, según cuentan, Jorge Santayana cuando le anunciaron que la Segunda Guerra Mundial había estallado, ella *vivía en lo eterno*.

Aunque ya hemos comentado al principio de esta introducción que su biografía no es precisamente novelesca, quizá convenga detenerse un poco en los aspectos más importantes para que el lector saque sus propias conclusiones a la hora de enfrentarse con su única biografía realmente importante, que es la biografía interior cuidadosamente ensartada en las cuentas de sus poemas y en algunos párrafos de sus cartas.

En el caso de Emily Dickinson es imposible separar su vida exterior o social, es decir, los acontecimientos que se pueden relatar de una manera cronológica diacrónica (viajes, conocimiento de personas, lecturas importantes etc.) de esa otra actividad mental interior, concéntrica y obsesiva, que es su continua y máxima preocupación y que está directamente vinculada a la capacidad creadora de la autora y al tipo de escritura que practicaba.

Para Emily Dickinson la vida y la escritura fueron siempre un *continuum* que formaba una unidad inseparable, de forma que la génesis del poema, los diversos estadios del proceso de la escritura y la experimentación con las palabras, eran parte sustancial y natural de su vida cotidiana. También la palabra podía surgir para ella de entre los pucheros, mientras amasaba el pan, mientras cuidaba sus flores en el huerto o cuando daba algún paseo con su perro Carlo. Y, entiéndase bien esto, porque no quiero insinuar con ello que la «inspiración» viniera en su ayuda como los ángeles araban los campos de San Isidro o como la Virgen acudía en ayuda de la hermana tornera. Todos sabemos ya a estas alturas que la inspiración es lectura, trabajo y sistema, incluso para las mujeres escritoras, solitarias, excéntricas y solteronas. Pero en los tiempos y lugares de Emily Dickinson todavía estas características se asociaban con frecuencia a un determinado status social y familiar, a unas determinadas características físicas (propias de su sexo) y mentales, y a una manera particular (siempre heterodoxa, naturalmente) de entender y participar en la comunidad religiosa correspondiente.

En este sentido se puede decir que Emily Dickinson no fue una buena hija de su tiempo. Ni su reclusión y soledad fueron fruto de ningún tipo de frustración concreta o carencia mental o física, ni su escritura es simplemente esa especie de válvula de escape a sus insatisfacciones personales que algunos críticos han insinuado.

Evidentemente, y como veremos en las notas biográficas, su situación familiar va a ser clave y va a condicionar hasta cierto punto la determinación voluntaria de evitar cada vez más la relación con el mundo exterior a su casa y a su habitación. Pero digamos que esa situación lo que hace es coadyuvar, reforzar, proteger y permitir la opción conscientemente elegida de un ensimismamiento paulatino y una concentración absoluta en la reflexión y en la escritura.

Tampoco el mito de la soltería y la virginidad parece tener mucho fundamento. No se casó, según parece colegirse de los estudios biográficos más completos[3], simplemente porque no quiso, y en modo alguno está justificada la leyenda, aunque en este caso sea blanca, de la mujer encerrada, la loca de la casa, vestida cual espíritu de blanco permanente[4], que tanto alimentó el morbo de los bienpensantes ciudadanos de Amherst y que incluso ha tentado las eruditas plumas de algunos profesores universitarios.

---

[3] Richard B. Sewall, *The Life of Emily Dickinson*, Londres, Faber and Faber, 1976, 2 vols.

[4] Es interesante contrastar a este respecto las opiniones tradicionales con algunos estudios modernos, muy bien documentados, sobre la situación de la mujer escritora en el siglo XIX, como es el caso de Sandra Gilbert y Susan Gubar, *The Madwoman in the Attic: The woman Writer and the Nineteenth Century Literary Imagination*, New Haven, Yale University Press, 1979.

Si a todo esto añadimos el interés desproporcionado de algunos estudios feministas de los años 70 y 80, tratando de demostrar el posible lesbianismo o complejo de inferioridad o ansiedad sexual[5], y algunos estudios psicoanalíticos en los que se pretende *explicar* su poesía en función de ciertos supuestos complejos que a la autora le vendrían dados por su relación filial (un padre autoritario y una madre carente de carácter)[6], nos encontraremos con un panorama bastante confuso en lo que se refiere al estado de la crítica actual en torno a su obra. Pero no voy a insistir más en este punto y sólo quiero dejar constancia de mi propia opinión al respecto, señalando que ha habido un abuso constante en la bibliografía dickinsoniana en torno a lo anecdótico-personal y se ha hecho una frecuente utilización vicaria de los datos (supuestos en muchos casos) biográficos de la escritora. Y lo más grave, en mi opinión, no es que este hecho constituya en sí mismo una especie de delito de inmoralidad crítica para con la indefensa persona de la autora, sino que en la mayoría de los casos, ni ayudan a la comprensión de los textos, ni estimulan la lectura de los mismos, ni dan claves para la interpretación global de la obra. Son, en muchos casos, esquemas críticos apriorísticos aplicados a un texto, con una determinada finalidad analítica e ideológica y que consideran dicho texto como medio y no como fin del análisis.

No es este el momento ni el lugar oportuno para entrar en una discusión teórica sobre los diversos métodos de análisis textual, pero nos sigue pareciendo válido el principio de que un texto literario, y sobre todo un texto poético, se explica, sobre todo, a sí mismo.

La única justificación a la insistencia y recurrencia de los datos biográficos es quizá la luz que éstos puedan aportar a la hora de explicar cuáles son las posibles fuentes de las que la poetisa recoge la materia narrativa y referencial de los poemas

---

[5] Uno de los libros más interesantes y recientes sobre este asunto es el de Vivian R. Pollak, *Dickinson: The Anxiety of Gender,* Ithaca y Londres, Cornell University Press, 1984.

[6] El estudio psicoanalítico más conocido sobre la autora, que emplea un método llamado Psicografía (descubrir los procesos psicológicos a través de la escritura del paciente) es el del profesor John Cody, *After Great Pain: The Inner Life of Emily Dickinson,* Cambridge, Massachusetts, Harvard University Press, 1971.

que escribe. Y, aunque esta tarea resulte harto frustrante en el caso de Emily Dickinson, dada su sistemática falta de elementos referenciales concretos (tales como fechas, lugares, anécdotas o datos históricos), merece la pena hacer una revisión, aunque sea rápida, de su perfil biográfico, y aunque el resultado sea llegar a la conclusión de que su biografía oficial no tiene mucho que ver con el mundo que puebla su poesía.

Como en el caso de otros muchos escritores excepcionales, y Emily Dickinson lo era, uno se hace ciertas preguntas, como las siguientes: ¿cómo es que una señorita provinciana, educada en la más esmerada tradición puritana de una familia acomodada y con un nivel de instrucción alto para su tiempo, pero que apenas iba más allá de la enseñanza media, podía escribir unos poemas que hoy siguen asombrando por su atrevimiento, por su grado de experimentación con el lenguaje y por su modernidad?, y aún más, ¿cómo es posible que sólo ocho de los casi mil ochocientos (1.775 exactamente) poemas de los que hasta la fecha hay constancia que escribiera, se publicaron en vida de la autora, pero anónimamente y con correcciones de los editores?

Si a esto añadimos que ninguno de todos los poemas descubiertos a su muerte llevan fecha ni título, entenderemos mejor por qué se hace casi imposible, no ya un estudio global y sistemático de la obra, sino incluso una mera clasificación de sus poemas, con arreglo a un criterio temático o a cualquier otra forma convencional.

Y vamos ya, sin más dilación, a adentrarnos, si no en el mundo de Emily Dickinson, ya que creo haber dejado claro que es muy difícil saber qué es eso (tan difícil como delimitar los ámbitos de su poesía), sí al menos en el mundo que rodeaba a Emily Dickinson.

Los ancestros y Nueva Inglaterra

La genealogía americana de los Dickinson es tan antigua como los primerísimos asentamientos de los Pilgrim Fathers y comienza con Nathaniel Dickinson, quien emigró a Norteamérica en 1630, con la llamada Gran Emigración (Great Migration), dirigida por John Winthrop y que se instaló en Wethersfield, Connecticut. (Conviene no confundir esta expedición con la de los separatistas radicales que desembarcaron en Plymouth en 1620.)

Parece ser que los Dickinson estuvieron demasiado preocupados por los asuntos prácticos de este mundo, tales como cultivar sus tierras, organizar la comunidad, combatir a los indios, resolver problemas de la iglesia y de la administración, etc., como para dedicarse a la poesía.

En 1659, como consecuencia de una de las frecuentes divisiones en el seno de la iglesia, en esta ocasión de la iglesia de Wethersfield, Nathaniel Dickinson condujo a su familia, junto con otros cincuenta y ocho hombres y sus respectivas familias, y fundaron una nueva plantación en Hadley, al este de Northampton, Massachusetts.

Los hombres de la familia Dickinson fueron, desde las primeras generaciones, líderes y hombres públicos respetados en la comunidad. Nathaniel Dickinson, iniciando una tradición todavía viva en tiempos de Emily Dickinson, fue cronista, asesor, magistrado de la ciudad y uno de los primeros administradores de la Hopkins Grammar School (equivalente a un Instituto de Bachillerato) de Hadley. Su biznieto Nathan y el hijo de éste, Nathan Jr., se trasladan al distrito que en 1759 se convertiría en Amherst. Aquí los Dickinson prosperarían como agricultores, y el hijo de Nathan Jr., abuelo de Emily Dickinson, Samuel Fowler Dickinson, nacería en esta localidad en 1775.

Pero a pesar de que estas seis generaciones sitúan a los Dickinson entre las familias honorables de Nueva Inglaterra (Americans Of Royal Descent, según los cronistas de la época), no es hasta la generación del abuelo Samuel cuando podemos encontrar alguna de las cualidades que pudieran explicar la vocación poética de la nieta.

Samuel Fowler Dickinson dejó el cultivo de los campos para otros y, siguiendo a su hermano mayor Timothy, accedió a la educación superior, llegando a ser una especie de hombre de letras de su tiempo. Este hombre pertenece a la última generación de lo que históricamente se consideran cualidades esenciales de los puritanos: diligencia y esfuerzo en el trabajo, frugalidad en la vida diaria, parquedad en la expresión oral, un gran sentido de la comunidad religiosa —no como algo impuesto, sino como resultado de la libre elección del individuo—, y, sobre todo, un respeto radical hacia el individuo y sus propios actos. Estas características, estudiadas por autores como Perry Miller[7] o Allen Tate[8], adelantan, en parte, una actitud más moderna ante la vida y más aceptada en las comunidades progresistas y en las universidades de la metrópoli, Boston.

Frente a la tradición del interior del estado, la nueva teoría del Unitarianismo, asumida por la mayoría de los intelectuales liberales de Harvard, va a suponer un considerable paso adelante en la historia de la evolución del pensamiento de Nueva Inglaterra. Emily Dickinson, alejada como va a estar toda su vida de cualquier grupo o círculo intelectual o literario, no va a entrar en esta polémica. Se limitará a utilizar, como mera referencia literaria y de manera caprichosa, las imágenes y el léxico de su educación puritana, rica especialmente en posibilidades de polisemia y ambigüedad semántica. Su relación con Dios va a ser, pues, fundamentalmente metafórica.

La fundación del Amherst College va a marcar la vida de Samuel Fowler Dickinson y la de sus conciudadanos. Este fue su mayor triunfo en la gestión pública y habría también de ser su mayor tragedia. Squire Fowler (así se le conocía) dedicaría todo su esfuerzo espiritual y económico a mantener esta institución. La consecuencia de esta enorme empresa fue el fracaso de su salud y la ruina de su patrimonio, lo que le haría abandonar la ciudad y aceptar un modesto empleo en el Medio Oeste, donde moriría desilusionado, olvidado y abandonado de todos. Pero el esfuerzo estaba hecho y su hijo y su nieto continuarían la obra.

---

[7] Perry Miller, *The American Puritans: Their Prose and Poetry,* Nueva York, Doubleday, 1956.
[8] Allen Tate, «Emily Dickinson», en *Collected Essays,* Denver, 1932. Reproducido en *Emily Dickinson: A Collection of Critical Essays,* editado por R. B. Sewall, Englewood Cliffs, N. J., Prentice-Hall, 1963.

Edward Dickinson (1803-1874), el padre, cuya figura dominante y rígida nos recuerda al terrible Mr. Barret, de Wimpole St., padre de Elizabeth Barret Browning, fue, además de un autoritario cabeza de familia, la figura pública más importante de Amherst en su tiempo. Abogado, diputado en la Cámara de Representantes en Washington y tesorero del Amherst College, fundado por su padre como hemos visto. Pero también supo ser el padre comprensivo y respetuoso con la distinta personalidad de sus hijos, estricto, pero estimulando siempre el desarrollo intelectual de los mismos (hay que señalar que su biblioteca particular era muy considerable para su época y tuvo en Emily Dickinson su socio más fiel) y, sobre todo, respetuoso siempre con sus decisiones y gustos íntimos. No se puede entender la independencia de Emily Dickinson sin esta cualidad tan puritana. Su muerte sería uno de los acontecimientos más duros que la poetisa habría de soportar, y su vida a partir de ese momento da un quiebro cualitativo muy importante.

Por el contrario, la madre, Emily Norcross (1804-1882) fue siempre una persona gris, a fuerza de ser discreta y de estar absolutamente sometida a la voluntad de su marido. Es posible que esta especie de ausencia de madre tuviera bastante importancia psicológica en la formación de Emily Dickinson.

El hermano, Austin (1829-1895), un año mayor que Emily, es posiblemente la persona de la familia que más influiría en su infancia y a la que se siente afectivamente más ligada. Desde sus primeros años compartieron entusiasmos, secretos, cartas, libros y amigos y, al terminar Austin sus estudios de abogado en la universidad y establecerse, a instancias de su padre, en Amherst, seguirían compartiendo tertulias e intimidades y conflictos familiares, derivados en muchos casos de la presencia de la inquietante Susan Gilbert, la Sue de algunos poemas y cartas. Sue era amiga de Emily desde la infancia y con el tiempo se convertiría en la esposa de Austin. La casa donde la joven pareja viviría tras la boda, en 1856, regalada por el padre de Emily y situada a escasos metros de la casa familiar, *The Evergreens*[9], pasaría a ser para Emily Dickinson una especie de nuevo aliciente vital. Emily adoraba a Sue y a sus sobrinos y recorría con frecuencia el corto sendero entre ambas casas para llevarle a Sue alguna nota o algún poema (le mandó unos trescientos; más que a ninguna otra persona), para charlar con algún amigo que venía de fuera y traía noticias nuevas, que rompían la monotonía de la prensa local, o para llevar alguna golosina a su sobrino preferido Gilbert, el más pequeño, que moriría cuando sólo contaba ocho años de edad, en 1883, amargando los últimos años de vida de la poetisa.

El quinto miembro de la familia, su hermana Lavinia, dos años más pequeña (1833-1899), sobrevivió a todos y fue mentor, testigo y narrador de los acontecimientos familiares más importantes. Al igual que su hermana, pasó toda su vida en casa y tampoco se casó; pero a diferencia de ella, tenía un carácter mucho más extrovertido y práctico. Se solía encargar de la organización de la casa y, aunque no tenía dotes literarias, siempre sintió un gran orgullo hacia el ambiente intelectual de su familia y, en especial, hacia la afición literaria de su hermana. Fue precisamente la pequeña Vinnie (como se la conocía cariñosamente) la que, a la muerte de la poetisa, encontraría, con gran sorpresa para ella, una caja en la que Emily guardaba la mayor parte de sus manuscritos, algunos de ellos cuidadosamente cosidos, formando cuadernillos. Todos ellos estaban inéditos, naturalmente, muchos de ellos en un estadio de mero borrador, y la mayor parte eran desconocidos para su familia.

Fueron el celo y el orgullo de Lavinia los que, animados por la intuición de que aquéllos papeles había que darlos a conocer, consiguieron que Mabel Loomis Todd (amiga de la familia) y Thomas Wentworth Higginson se decidieran a transcribir, seleccionar y publicar las primeras ediciones de sus poemas. Hemos contraído, pues, con Lavinia Dickinson una gran deuda y sentimos hacia ella un agradecimiento especial, por ser el albacea de tan magnífico testamento literario.

---

[9] Richard B. Sewall ha hecho un estudio amplio de todo este conflicto en el capítulo «War between the Houses», *op, cit.*, págs. 161-243.

Y, tras hacer este rápido retrato familiar, veamos algo de cuál podía ser el ambiente del Amherst de entonces.

En 1830, año del nacimiento de Emily Dickinson, Amherst era un pequeño pueblo agrícola, de unas quinientas familias, que destacaba por su taberna, por sus tierras y parques comunales y por su estratégica situación, a mitad de camino de las rutas de las diligencias, entre Albany y Boston, Hartford y Brattleboro.

Como todos los asentamientos del valle del río Connecticut, tenía esa tradición cultural, derivada de las comunidades puritanas del siglo XVII. La iglesia siempre había colaborado en las tareas educativas, y esta ayuda había hecho posible que en 1830 Amherst Academy, ya mencionada, fuera ya una de las instituciones mejores del estado de Massachusetts y el fermento de la nueva y próspera universidad, Amherst College. Recordemos una vez más que el abuelo, Samuel Fowler Dickinson, había fundado Amherts Academy en 1814 y posteriormente, en 1821, establecería Amherst College, causa de su ruina.

Amherst College fue fundado con la intención casi mesiánica de preservar la tradición y formar jóvenes predicadores, maestros y misioneros, que extendieran el conocimiento y la fe de la ortodoxia puritana.

Quizá el lugar más importante en un pueblo de aquéllas característica era la iglesia, y los servicios y actos comunales organizados en torno a ella. La familia Dickinson estuvo siempre vinculada a la Primera Iglesia Congregacionalista (First Congregational Church). El padre, Edward Dickinson, quizá llevado por su humildad, celo y reflexión, no entró en la iglesia hasta 1850, cuando tenía cuarenta y siete años. Su esposa, Emily Norcross, entraría a los tres años de casarse, en 1831. Austin se haría miembro activo de la iglesia seis meses antes de su matrimonio, que tuvo lugar en 1856. Lavinia había entrado en 1851, cuando tenía dieciocho años.

Emily Dickinson fue la única de la familia que no haría

Amherst, alrededor de 1875. La casa de Emily está indicada con una flecha.

nunca profesión pública de fe y que no iría a la iglesia habitualmente, a pesar de las presiones de algunos profesores, de algunas amigas y de los periódicos *Revivals and Awakenings* (conversiones y profesiones de fe colectivas) que tuvieron lugar en Amherst. Si pensamos que la iglesia era el único acontecimiento social que rompía la monotonía de la vida y del trabajo durante la semana, entenderemos la importancia que el consciente rechazo de la misma va a tener en la reafirmación del yo independiente y solitario de la adolescente Emily. Decisión que, a pesar de ser tomada en contra de la voluntad familiar, va a ser respetada y defendida frente a cualquier crítica exterior.

Emily Dickinson había nacido, igual que sus hermanos, en la casa familiar de Main Street (se la conocía como *the Mansion* o *the Homestead),* construida por el abuelo Samuel Fowler Dickinson, en 1813, y que, según la tradición, fue la primera casa de ladrillo de Amherst. Emily Dickinson pasaría prácticamente toda su vida en esta casa, exceptuando algún viaje esporádico, por motivos culturales o de salud. Hubo también un periodo de tiempo (exactamente de 1840-1855) en el que los Dickinson se tuvieron que ir a vivir a una casa en North Pleasant Street, ya que el padre tuvo que vender la mitad del *Homestead,* seguramente por razones económicas. Cuando Edward Dickinson pudo volver a comprar su antigua casa, toda la familia, y sobre todo los niños, se sintieron felices de poder volver al que siempre habían considerado como su propio hogar. Emily Dickinson iba a ser especialmente sensible a este cambio, que nunca le gustó. La extraordinaria importancia que la casa tiene para Emily es evidente en su poesía. No sólo como fuente de un léxico muy particular y como elemento referencial último en muchos de sus poemas, sino como el ámbito finito, cerrado, seguro y concreto en el que tienen lugar las visiones y los experimentos del yo poético. Para Emily Dickinson la casa era el microcosmos por excelencia, el mundo en el que todo cabía. Tenía también un valor teatral y dramático. La casa era el escenario de la vida al tiempo que el *topos* imaginario en el que transcurría la acción poemática. A veces, el ámbito se limita de tal manera que el espacio doméstico se circunscribe simplemente a su propia habitación, convirtiéndose ésta en una especie de escaparate imaginario del poema, de pretexto arquitectónico imaginario. La relación del yo con el espacio circundante y la relación entre lo interior y lo exterior, como categorías fundamentales en su fenomenología poética, van a estar siempre presentes en sus poemas. Frecuentemente nos vamos a encontrar con que los límites del poema estarán condicionados por los elementos periféricos que la retórica de lo espacial impone. Las arquitecturas imaginarias que Emily Dickinson construye en muchos de sus poemas representan, a la vez, ámbitos espaciales posibles (posibles al menos en las dimensiones del poema) y meras conceptualizaciones abstractas sobre imágenes de proporcionalidad, tamaño o distancia.

EMILY DICKINSON: UNA BIOGRAFÍA INTERIOR

A los dieciséis años de edad, Emily Dickinson había recibido ya una infrecuente formación para su época, que incluía estudios elementales de alemán. Todo ello bajo la tutela de entusiastas, competentes y jóvenes profesores, formados en y para el espíritu de la Amherst Academy. Posteriormente pasaría un curso, 1847-48, en un internado para señoritas, Mount Holyoke Female Seminary, una de las siete famosas instituciones para mujeres de Nueva Inglaterra denominadas *Seven Sisters*, y donde un siglo más tarde enseñaría como profesor visitante el poeta Luis Cernuda.

En 1862 se produce un acontecimiento importante en la vida y en la obra de Emily Dickinson. La poetisa decide escribir al conocido editor de la prestigiosa revista literaria *The Atlantic Monthly*, Thomas Wentwort Higginson, pidiéndole consejo literario. Decide romper su silencio, animada por una carta que el propio Higginson incluía en el número de abril de ese mismo año y en la que el editor alentaba a los jóvenes escritores y les instaba a enviar sus originales. Con esta primera carta, en la que Emily Dickinson pide a Higginson que le diga simplemente si su verso está vivo, se inicia una de las correspondencias más curiosas de la historia literaria americana.

Las cartas de Emily Dickinson se van a convertir no sólo en su mejor diario y biografía, sino también en su mejor, en su única, poética. La relación epistolar con Higginson se prolongará hasta los últimos días de la poetisa. Higginson quedó tan desconcertado y fascinado por la relación epistolar con esta mujer, que decidió ir a Amherst a visitarla en persona. Tras el primer encuentro personal que tuvieron —en el que Emily Dickinson se presentó temblorosa y tímida y con unos lirios en la mano como óptimos embajadores para su siempre remisa palabra—, Higginson quedó enormemente afectado por la extraña personalidad de la poetisa, según se lo hace saber en una carta a su esposa. Higginson describe la figura diminuta y frágil de su cuerpo y su conversación breve, entrecortada y epigramática. Higginson todavía no sabía que todas sus cartas y sus poemas también iban a ser así.

El año de 1862 es además importante porque coincide con la fecha de mayor creatividad de la autora. Ese año escribe una media de más de un poema por día.

Posiblemente en torno a esta misma época, y acaso decepcionada por la falta de comprensión de sus contemporáneos hacia sus escritos, decide que su obra no está destinada a la publicación; al menos a la publicación inmediata. Su carácter se vuelve más reservado y paulatinamente restringe el núcleo de sus amistades. Poco a poco, sus amigos de infancia y adolescencia, como Abiah Root —con la que mantuvo correspondencia durante diez años—, Jane y Leonard Humphrey o Benjamín Franklin Newton (estudiante de leyes en la oficina de su padre de 1847-49 y que, según confesaría en una carta años después, le enseñó la inmortalidad —la introdujo en la obra de Keats, de las hermanas Brontë y de Emerson—) pasan a ser materia del recuerdo.

Conviene destacar también la fecha de 1855, en la que Emily y su hermana Lavinia visitan Washington y Filadelfia. Esta sería la única salida de la poetisa fuera del estado. Lo más lejos que había llegado era a Boston, y siempre por motivos dolorosos relacionados con la precaria condición de su vista.

Sería en Filadelfia donde Emily Dickinson escuchó probablemente el apasionado sermón del Reverendo Charles Wadsworth —en la iglesia presbiteriana de Arch Street— y donde, según una de las leyendas más fotonoveleras y menos documentadas, Emily quedaría prendada de su persona. Este amor imposible (ya que Wadsworth estaba casado y tenía varios hijos) ha sido uno de los mayores tópicos que ha alimentado la leyenda de la supuesta insatisfacción amorosa de Emily Dickinson. Lo cierto es que no hay ninguna prueba ni documentación al respecto, ya que Emily mandó destruir las cartas de Wadsworth antes de morir. Las dos o tres que se conservan, escritas a la poetisa por Wadsworth, tienen un tono distante y pastoral y lejos de indicar cualquier pasión oculta (por mucha imaginación místico-literaria que le pongamos) revelan más bien una relación convencional de pastor-feligresa, tolerada y frecuente en aquella época. Todo lo demás es literatura.

En 1874 Emily Dickinson va a tener que afrontar uno de los golpes más duros de su vida: la muerte de su padre. Fue algo repentino e inesperado y le aconteció mientras estaba en Boston. Para Emily Dickinson la muerte siempre había sido una especie de compañera inseparable. Estaba habituada a la idea de la muerte desde muy pequeña, e incluso en sus primeras cartas ya se permite coqueteos metafóricos con la misma. Morir es para Emily Dickinson una especie de acto imperceptible y cotidiano. La muerte y sus costumbres es el mundo referencial más rico en la poesía de Emily Dickinson. Desde escenas en las que describe una muerte concreta en la casa de al lado, hasta reflexiones filosóficas y literarias sobre el gran desconocido que es la muerte, sus poemas están plagados de referencias a la portadora de la implacable guadaña. La muerte es seguramente, dentro de los temas recurrentes de la poetisa, el que ha dado mejores resultados poéticos, desde el punto de vista de la forma. Por otra parte, vemos que la idea de la muerte en sus poemas va siempre asociada a la de la vida y a la del amor. No mantiene la idea puritana de la muerte como principio de una nueva vida sin fin. La muerte nunca es para ella paso hacia la otra vida o hacia la eternidad. No es vía hacia, sino camino en sí mismo. Realmente, si intentamos hacer una lectura sin prejuicios y sin las contaminaciones inevitables de la crítica, veremos que su postura ante la muerte es completamente agnóstica y existencialista. La muerte es, ante todo, un absurdo inexplicable. Tanto como la muerte, como acto puntual, le interesaba a Emily Dickinson el morir, el acto de estarse muriendo y poder ser testigo de ello. Esta situación límite le permite al yo poético la osadía de situarse en un contexto vivencial inédito, en el que el objeto es también el sujeto, en el que el contemplante y lo contemplado coinciden, en el que la acción imaginaria es una especie de presente del futuro. Con ello consigue además otra de sus metas experimentales favoritas, cual es la de anular los tiempos. Que las secuencias temporales de los acontecimientos narrados tiendan hacia una especie de acumulación en el momento de la toma de la instantánea.

Desgraciadamente, a partir de 1874 la muerte va a ser también el hecho concreto e irreparable de la inexorable ausencia de los seres queridos. Amigos y familiares, con su ausencia definitiva, van dando nuevas claves y argumentos que la poetisa tamizará y convertirá en materia del poema.

Justo al año siguiente, en 1875, su madre empieza a tener los primeros ataques de parálisis. A partir de este momento, y durante los diez años que le quedan de vida, la reclusión de la poetisa se hace prácticamente total.

En junio de 1877 ni siquiera baja de su cuarto a ver a Samuel Bowles, amigo de toda la vida, editor del *Springfield Republican,* en el que se habían publicado algunos de los poemas de la autora anónimamente, y persona a la que Emily Dickinson había admirado por su amena conversación, sus conocimientos de hombre de mundo, y su hermoso rostro. Por aquellos días Emily Dickinson se comunicaba con la gente ya sólo prácticamente por medio de notas y sus únicos esfuerzos los dedicaba a colocar algunas piezas de fruta en un canastillo, que descolgaba por la ventana mediante un cordel para ofrecérselas a los niños del vecindario; o a pegar flores disecadas de su herbario al lado de algún poema breve y enviarlo a algún destinatario, seguramente no merecedor de semejante gesto.

La madre morirá en 1882, y el único acontecimiento que durante esos últimos meses de su vida confortará un poco su aislada situación son las visitas y la propuesta de matrimonio que le hace el juez de Salem, Otis P. Lord, íntimo amigo de su padre, viudo, y hombre honorable a los ojos de la comunidad. Pero ni siquiera este amor otoñal y sereno va a tener tiempo suficiente para desarrollarse y poner a Emily Dickinson al menos en la tesitura de la duda sobre su celibato. El juez Lord moriría en marzo de 1884, sin que Emily Dickinson le concediera más que la alegría de unas cuantas cartas, salpicadas, eso sí, de insinuaciones amorosas, de juguetonas intimidades y de un especialísimo sentido del humor. Pero a estas alturas de la vida, le debía resultar ya especialmente difícil a Emily Dickinson distinguir entre un discurso literario, amororo o irónico. Posiblemente no había hecho nunca esa distinción y, en cualquier caso, como ella misma confesaba, le avergonzaba, igual que a su perro, que la gente hablara en voz alta de las cosas sagradas.

A principios de mayo de 1886, Emily escribe su última carta a sus primas de Boston, las Norcrosses. El día 13 pierde el conocimiento, y el día 15, según reza el diario de su hermano Austin, deja de respirar («... just before the whistles sounded for six»), justo antes de que dieran las seis.

Su muerte, resultado de un largo proceso de nefritis, iba a ser tan discreta como había sido su vida.

Emily Dickinson está enterrada, como todos los demás miembros de la familia, en el panteón familiar del cementerio de Amherst.

El día 19, en el funeral, Higginson leería los versos, tan queridos para Emily Dickinson. «No coward Soul is nine...» de su admirada Emily Brontë.

LA POESÍA DE EMILY DICKINSON

Tradicionalmente se ha optado por una división temática en el estudio de la obra de Emily Dickinson, atendiendo a aquellos temas recurrentes en su poesía o a aquellos aspectos más destacados de la misma. De este modo vemos que las divisiones o grupos más frecuentes han sido: la naturaleza, el amor, la muerte, la inmortalidad, Dios, etc.

Es evidente que en literatura el tema —entendiendo por tal el argumento, el asunto del que se habla— no es frecuentemente lo más importante. Hay otros factores, como por ejemplo el estilo —el cómo se dice— que, a la larga, tienen mayor peso específico en la construcción de la obra literaria. Además, de todos los géneros literarios, la poesía es seguramente el menos temático; hasta el extremo de que hay poetas que no tienen temas claramente definibles en su poesía. El tema fundamental de muchos de ellos puede ser la poesía misma y su escritura.

La poesía de Emily Dickinson es en este sentido paradigmática. Los aparentes temas de sus poemas no son más que un leve pretexto literario para mantener el hilo conductor de las imágenes sobre las que se sustenta la estructura del poema.

El siglo XIX y toda la crítica subsiguiente fue un periodo especialmente rico en resaltar la intrahistoria y el valor referencial yo poético. Se trataba de desvelar el yo real y la peripecia humana que había detrás del yo romántico del poema. La crítica optaría por desarrollar las técnicas exegéticas a la búsqueda de la biografía perdida —individual o colectiva— que había detrás de toda obra literaria.

Los resultados de ese hiperegocentrismo romántico llegarían hasta ciertas manifestaciones críticas del siglo XX, como son el psicologismo y la crítica impresionista, que seguirían y aún siguen alimentando clases y comentarios de texto.

A pesar de que los temas en Emily Dickinson son desde mi punto de vista un ejemplo clarísimo de lo que se ha denominado poesía pura, la crítica tradicional no ha hecho una excepción con ella y le ha aplicado plantillas de análisis que, si en otros poetas pueden resultar al menos útiles en un primer estadio de la lectura y como aproximación pedagógica, en el caso de Emily Dickinson son simplemente no pertinentes.

Los poemas de Emily Dickinson apenas tienen adherencias ambientales, y la aproximación a los mismos y cualquier posible explicación sólo puede surgir del compromiso personal e intransferible que cada lector haga con el texto mismo.

El hecho de que la bibliografía dickinsoniana haya abusado del análisis temático indica, una vez más, que se ha hecho una lectura condicionada por la biografía de la persona de la autora. Se ha querido leer lo que se presuponía, más que reflexionar y compartir lo que se leía.

Es cierto que en una primera lectura de su poesía, uno de los aspectos que más llaman la atención es la profusión y riqueza de elementos naturales, tales como pájaros, insectos, flores, el paso de las estaciones, la salida y la puesta del sol y, en general, toda clase de alusiones a la naturaleza. Pero cuando

[32]

leemos más detenidamente observamos que todas estas criaturas que pueblan los poemas no constituyen el interés último del poema. Son el pretexto léxico y metafórico en el que enmarcar el poema. Lo que sí es evidente es que Emily Dickinson conocía bien la flora y la fauna local, e incluso se había interesado por los estudios de botánica en su año de universidad. Esto le permitía utilizar con propiedad un léxico riquísimo y un catálogo de nombres y de formas casi infinito, como recurso de imágenes y metáforas. Pero esto es una cosa, y decir, como se ha dicho, que Emily Dickinson es la poetisa de los pajaritos, de las abejas y de las flores, es otra muy distinta.

La poetisa define en alguna ocasión la naturaleza como *a Haunted House* —una casa encantada— y al arte como *a House that tries to be haunted* —una casa que intenta estar encantada. Habría en estas frases una insinuación de aquel viejo principio de que el arte imita a la naturaleza. Pero su insinuación va mucho más allá, y a Emily Dickinson lo que le interesa del mundo exterior, del fenómeno natural, es precisamente su fenomenología inaprehensible. El conocimiento del fenómeno exterior es una ilusión, una falacia. Nunca se llega a aprehender, a conocer las cosas del todo. Emily Dickinson identifica el fenómeno y el noúmeno, de forma que conocer la apariencia externa de las cosas sería tanto como conocer su esencia. El conocimiento es en sí el límite del experimento, de forma que el conocimiento implica la destrucción. Sólo se conoce lo que se pierde. Sólo se posee lo que se destruye.

De esta forma, el conocimiento de la naturaleza es para Emily Dickinson un ente de razón tan abstracto como Dios o como el amor. Pero lo interesante de su poesía es que no necesita acudir a las grandes palabras abstractas para hacer su metafísica particular. Una brizna de hierba, un grillo, una rata, o las alas de un diminuto colibrí en movimiento, pueden ser el pretexto cotidiano sobre el que levantar el edificio de esa especie de mística doméstica que es su poesía. En este sentido ella es una poetisa perfectamente consciente de sus límites. Habla, como todos los poetas, de lo que no conoce, de lo que sólo se descubre a través de la génesis del propio poema, pero lo hace con una terminología cercana y familiar, en la que se mueve cómoda y libre de los encorsetamientos del «estilo elevado» al uso.

Los límites de su poesía van a venir impuestos por los solos límites que la estructura del poema imponga. Por eso es fascinante ceder ante el hechizo del poema antes que intentar aplicarle los moldes de la explicación. Además, y en el mejor de los casos, la explicación siempre será periférica.

Cuando uno lee los poemas experimenta la extraña sensación de estar asistiendo, en el acto mismo de la lectura, a la factura del poema; de ser el coarquitecto de un edificio cuyo sutilísimo equilibrio, que es su mejor sustentación, depende sólo de la cómplice voluntad de la lectura.

Sus poemas nos suenan como a recién creados, porque Emily Dickinson emplea las palabras de cada día como nadie las había empleado antes. Nos sitúa en el umbral del canto y nos invita, mediante unos fragmentos inacabados, a completar la ruta hacia ninguna parte. Ella misma compara en un poema la poesía con la pura posibilidad. El poema es para ella lo que ya no es, tanto como lo que todavía no es. En el espacio incierto que media entre lo todavía no dicho y lo ya recordado, se sitúa el poema. El poema es el presente eternizado.

Emplea las palabras de la tribu, pero en su sentido prístino, siempre más fiel a la pureza de los diccionarios que al uso y la costumbre que la comunidad de hablantes impone. Se acerca a la palabra con la cautela sacerdotal del que se acerca al icono vacío y preñado, al mismo tiempo, de significados.

El hecho mismo de optar por uno de ellos es el secreto de la alquimia poética. El poeta es para Emily Dickinson el demiurgo que transforma, según dice en uno de los poemas, los significados ordinarios en sentido asombroso.

Posiblemente sea ese especial sentido de la experimentación con las palabras lo que convierte a Emily Dickinson en un poeta moderno que poco tiene que ver con su época. No es casual que prefiriera el poema breve, el fragmento, como medio ideal de expresión. La concentración de ideas y sugerencias en un espacio muy breve concede a cada una de las palabras un valor fundamental. En la poesía de Emily Dickinson no hay elementos superfluos, retóricos o discursivos. El discurso se apiña y se concentra en torno a una o dos palabras motrices, que generan el resto de la imagen del poema. Por eso su sintaxis se ve frecuentemente reducida al nombre —o a los elementos sememáticos—, suprimiendo al mínimo los elementos unitivos y reduciendo los verbos, en un afán de supresión del tiempo. Con todo ello se amplían las posibilidades de la elipsis, que es el auténtico protagonista de la retórica dickinsoniana.

Lo no dicho, los espacios en blanco, la insinuación y la ambigüedad tienen tanto valor en su discurso como los elementos explícitos. En otras palabras, el silencio es para Emily Dickinson tan subversivo como la palabra.

Más importante que la relación que pueda existir entre el poema y el mundo exterior que describe son las relaciones físicas y las proporciones que se establecen dentro del propio poema. Emily Dickinson crea una geografía imaginaria, unos *topoi*, cuyos mapas no se pueden dibujar más que siguiendo las normas cartográficas de su poesía. Son lugares que sólo tienen sentido si los comparamos con los otros lugares de los otros poemas.

El discurso dickinsoniano se ejemplifica en las unidades que suponen cada uno de los poemas, pero a su vez ellos forman parte de un todo orgánico, sometido a unas leyes precisas; como las células lo están al órgano o a la función correspondiente. Eso es precisamente lo que confiere al estilo de Emily Dickinson la especial categoría de formar casi un género aparte.

Hay otras características que hacen que la poesía de Emily Dickinson aparezca también más cercana en el tiempo, y en la que la crítica apenas ha reparado, y es el gran sentido del humor que esta mujer tenía. Hay un constante coqueteo y un gran sentido del juego literario. Un peculiar sentido de la ironía y del cinismo impregna todos sus versos. La autora es absolutamente consciente de todo lo que escribe y controla las dosis del propio sentimiento perfectamente. Por eso es la suya una poesía esencialmente no autobiográfica —o al menos sólo en la medida en que toda escritura lo es— y con un gran sentido del distanciamiento. Cada poema es una pequeña puesta en escena, en la que la directora controla, de manera omnisciente, todos los hilos de la retórica de la *representación*. Este es quizá uno de los puntos que más la separan de sus contemporáneos.

Se ha comparado con frecuencia la obra de Emily Dickinson con la de autores contemporáneos, como las Brontë o Elizabeth Barret Browning, siendo evidente para mí que no tienen mucho que ver como escritoras, si exceptuamos el hecho de que ambas son mujeres —categoría ésta que últimamente parece estar generando diversas teorías sobre la identidad literaria, ajenas en mi opinión al texto literario.

En Emily Dickinson lo que hay son ecos lejanos de la Biblia, una perfecta asimilación del mundo dramático de Shakespeare, una utilización de la ambigüedad, de la ironía y del *Riddle* (acertijo, enigma) que nos recuerda a los mejores poetas metafísicos, como John Donne, y una utilización de la metáfora desnuda y deslumbrante que nos hace pensar en las visiones de William Blake.

Por el contrario, su influencia en algunos escritores del siglo XX me parece evidente, sobre todo en los poemas modernistas americanos y su obsesión de que la palabra y el poema *sean,* más que *signifiquen.*

Para terminar este apartado, que sólo ha pretendido una rápida visión de los aspectos más importantes de su poesía, diré que la manipulación constante con las palabras y sus límites de significación es el tema verdaderamente central de su poesía. El querer saltar las barreras imposibles entre objeto y palabra es su más fecunda empresa.

Nunca da un dato, una fecha y muy raramente un nombre de persona o de lugar concreto, en el que el lector pueda apoyar su desvalido razonamiento lógico.

El espacio y el tiempo, en sentido convencional, son dos categorías ausentes de su poesía. Poesía que, como ya hemos visto, si es biográfica en alguna medida, lo es de la biografía interior, de aquélla que oculta incluso el yo que está detrás del yo.

Su escritura es la biografía de una escritura, y por eso la lectura de su poesía exige la pureza del que cree en el milagro de que cada hecho de lectura es una reescritura.

Pero no una reescritura descodificadora, de corte afrancesado, sino más bien una reinvención creadora, en la que el lector es entusiasta y activo cómplice. Emily Dickinson, con su poesía de clave menor, desdeña los métodos analíticos de la disección, de la lectura fría y parcial y de los compartimentalismos estructurales, porque su poesía oculta y desvela, al mismo tiempo, y reclama la lectura inocente del lector más preclaro.

Retrato-silueta de Emily a los quince años.

Emily Dickinson ha sido prácticamente una desconocida en España, no ya para el gran público, sino incluso para el mundo académico y de los creadores. Sin embargo, siempre ha habido autores y estudiosos que han mostrado interés y sorpresa ante su obra y ante su persona.

La primera referencia que tengo en el tiempo, y una de la más importantes, es el entusiasmo que Juan Ramón Jiménez profesaba hacia la poetisa de Amherst.

En el apartado «El Modernismo y Estados Unidos», de su obra *Alerta*, J. R. J., atinando siempre con su incisivo juicio literario, dice entre otras cosas;

> Una Santa Teresa laica presumida y coqueta de alma, que se jacta para la posteridad de demasiada confianza con Dios y se lleva a la tierra el secreto de esa confianza. (...) Es frecuente, casi constante, suponer que el poeta mejor es el más extenso. Pero un poeta es un ser en gracia que da destellos y permanece lleno de su secreto, que nace, vive, muere y permanece como un tesoro del que regalará joyas menores, que lleva su reserva mayor a la nada para enriquecerla; esto es, un poeta es un enriquecedor, un abolidor verdadero, de la nada (...) E. D., fue eso, una mujer en gracia, que se llevó el secreto del mundo a la eternidad, por si estaba vacía (...) El dinamismo de semilla magnética de E. D., informa buena parte de la poesía americana más moderna, a partir de 1916. (...) Su poesía es como la de una esencia o un color muy concentrados, que pueden teñir o perfumar hasta lo infinito (...)[10].

Su descubrimiento y aprecio de la obra de Emily Dickinson fue francamente temprano si tenemos en cuenta que Juan Ramón Jiménez ya hablaba de la poetisa hacia 194-16 y que la primera edición completa de la poesía de Emily Dickinson es del año 1955, pocos meses antes de morir el poeta.

Pero la admiración que le producía la poesía de Emily Di-

---

[10] J. R. Jiménez, *Alerta,* edición de Francisco Javier Blasco, Ediciones Universidad de Salamanca, 1983, págs. 134-35.

ckinson le llevó incluso a traducir tres poemas, incluidos en la sección «Recuerdos de América del Este», de su libro *Diario de Poeta y Mar* (1916), libro en el que no pierde oportunidad de aludirla casi siempre que habla de Nueva Inglaterra.

Tengo también noticia de que Leopoldo Panero tradujo otros dos o tres poemas, por cierto limándoles las asperezas y creo recordar que dándoles en castellano forma clásica y rima consonante.

También José María Valverde ha traducido algún poema suyo, y ya en 1954, en su libro *Versos de Domingo*, su extenso poema «Más allá del Umbral» se abre con una cita de la poeti-

Recuerdo también que Vicente Aleixandre, en una visita a su casa poco antes de morir, me confesó su antigua devoción por la poetisa.

En abril de 1983 se estrena en el teatro Infanta Isabel de Madrid el monólogo dramático *Emily*, con interpretación de Analía Gadé, dirección de Miguel Narros y escenografía de Andrea D'Odorico. La obra es una remake traducida al castellano, de la versión original (basada en la vida de Emily Dickinson) de William Luce, *The Belle of Amherst*, representada por primera vez en Washington en 1976, bajo la dirección de Charles Nelson Reilly.

Hay que destacar que fue un esfuerzo muy valioso y, tanto la dirección, como la interpretación y la impecable escenografía, estuvieron a la altura del texto y de la poetisa.

Este acontecimiento supuso, sin duda, el más importante de cuantos se han llevado a cabo para invitar al gran público al descubrimiento de esta poetisa tan intensa y tan íntima.

En cuanto a las ediciones españolas de la poesía de Emily Dickinson, que detallo en la Bibliografía, y cuyo juicio pormenorizado no tiene cabida en un prólogo de estas características, me gustaría destacar la de Marià Manent, que ya en 1957 publicó una selección bilingüe en la editorial Juventud de Barcelona. Esta selección fue posteriormente reeditada en Madrid por Visor, 1973.

Marià Manent, con una gran sensibilidad poética, se inclina en esta traducción más por una hermosa y rítmica recreación del verso original que por una estricta y filológica fidelidad al texto. Y también quiero mencionar la versión de Julia Castillo, Madrid, Libros Maina, 1984, que a pesar de ser una antología muy limitada, tan sólo 43 poemas, es un buen ejemplo de edición cuidadísima, de selección hecha con muy buen gusto y de traducción respetuosa con el texto, ajustada y hermosa en su ritmo castellano. Un libro, en fin, impecable y digno de bibliófilo.

En cuanto a libros de contenido crítico, tengo que mencionar el de Ana María Fagundo, *Vida y obra de Emily Dickinson*, Madrid, Alfaguara, 1972.

La casi segura ausencia de algún secreto, o no tan secreto, entusiasta de la figura de Emily Dickinson, se deberá más a la limitación de mis lecturas que a la voluntad expresa de omitirlo.

TRADUCIR A EMILY DICKINSON

El primer problema con el que se encuentra el traductor de Emily Dickinson es que la fijación de los textos manuscritos se hizo póstumamente, ya que la poetisa murió sin revisar, sin ordenar, sin fechar y sin titular sus poemas.

En 1955, Thomas H. Johnson publicó la primera edición completa de sus poemas (ver bibliografía), que era además una edición *variorum* en 3 volúmenes, donde se daba razón de todos los manuscritos y variantes conocidos hasta la fecha.

Johnson ordenó cronológicamente los poemas y les dio una numeración correlativa, con arreglo a la supuesta fecha de escritura de cada poema, después de hacer un minucioso estudio de la evolución de la caligrafía de la autora. Es una pena no poderse detener en este punto, pero es fascinante comparar los manuscritos de la primera época con los de la última, y ver cómo cada vez se separan más las palabras entre sí e incluso las letras, dando su escritura la sensación de huellas de pájaro grabadas en la piedra.

Esta edición de 1955 se sigue considerando hoy la edición canónica y es la que nosotros hemos seguido para esta edición.

Gran parte, pues, de los manuscritos que hoy componen su obra completa se hallan en un estadio de primer borrador. Algunos están escritos a lápiz y en trozos sueltos de papel, tal como sobres de cartas recibidas, esquinas de las recetas de cocina, etc. Sólo los denominados *fascicles* fueron revisados en parte y cuidadosamente cosidos, formando una especie de cuadernillos y dejando con ello constancia de una auténtica voluntad de libro.

Es evidente que para Emily Dickinson la publicación no era algo que concerniera a la escritura. Ella misma lo dice en el poema 709: «Publication – is the Auction / Of the Mind of Man.» (La Publicación es la Subasta de la Mente del Hombre.)

Todo poeta es de una forma u otra un maniático de la perfección y de su propio orden. Por eso el caso de Emily Dickinson es doblemente sorprendente. Sus poemas, que rezuman una auténtica obsesión por la palabra, por encontrar el término adecuado —esto se comprueba viendo las variantes de los manuscritos—, han llegado hasta nosotros gracias a una serie de acontecimientos exteriores a la voluntad de la autora y a su obra.

Me atrevería, pues, a calificar el ejercicio de traductores y antólogos, entre los que me encuentro, casi de inmoral, ya que Emily Dickinson no dejó versión *definitiva* de sus poemas y nosotros nos hemos atrevido a *fijar*, en otra lengua, las palabras de unas unidades no cerradas, a las que sólo provisionalmente podemos calificar de poemas.

Pero, a pesar de nuestro intrusismo admitido, y sean poemas o sean proyectos de poemas, lo cierto es que esos fragmentos incisivos, con frecuencia difíciles no ya de analizar, sino incluso de entender, nos sorprenden y nos conmueven con la fuerza que sólo el poeta tocado por los dioses es capaz de lograr.

No es nuestra intención en este apartado hacer una discusión teórica sobre el problema de la traducción, ya que esto supondría un trabajo aparte y ya se han hecho estudios específicos al respecto, pero sí dejar claros algunos puntos, que consideramos fundamentales a la hora de realizar una traducción que podríamos calificar de filológica, es decir, fiel al espíritu del logos, de la palabra, del texto.

1. Entendemos en primer lugar que la traducción no debe ser en ningún caso una *explicación* del texto. No hay, por tanto, que tratar de *mejorar* el poema, limando imperfecciones, añadiendo nexos que no existen o parafraseando versos especialmente sintéticos, difíciles o ambiguos.

Emily Dickinson hace un tipo de poesía que se presta a todas estas *correcciones* y algunos traductores han caído en ellas.

2. Traducir es, sobre todo, un acto de humildad y de servicio al texto. Es un acto también de traslación, en el que el traductor tiene esa difícil situación de intermediario entre la comprensión de un texto y un lector que se enfrenta ya a otro texto. Es, pues, la traducción una reescritura condicionada. El problema es que todo supuesto buen traductor aspira a que ese otro texto resultante tenga entidad por sí mismo y su forma poética responda a los códigos de la respectiva lengua. En este sentido la traducción es también una escritura, una creación; incluso, por qué no decirlo, un género.

3. El traductor de Emily Dickinson tiene además algunos problemas añadidos, parte de los cuales ya habrán quedado explicados a lo largo de la introducción. Uno de ellos es, por ejemplo, a la hora de hacer la antología, cómo sustraerse a la tentación de traducir un determinado poema simplemente por su magistral primer o último verso, que en muchos casos actúa como un efecto sorpresa. Emily Dickinson, como Mallarmé, era maestra en primeros versos, y el lector siempre tiene la idea *in mente* de hacer una antología de versos sueltos.

4. Emily Dickinson emplea con frecuencia un lenguaje y un estilo bastante prosaico, y entendemos que, en ningún caso, debe el traductor *embellecer* ese lenguaje, que ha sido seleccionado adrede por la poetisa, tomando como modelo el léxico cotidiano y que es universal precisamente por eso.

5. No hay que tratar de solucionar la elipsis, que es su continuo medio de expresión, rellenando los huecos con elementos unitivos o nexos, que expliquen las aparentes incoherencias. No olvidemos que sus poemas no son narraciones,

sino acumulaciones de sensaciones. En otras palabras, no hay que añadir *lógica* donde no la hay. La traducción no es una glosa.

6. Hemos procurado, siempre que ha sido posible, mantener el ritmo del verso en castellano, pero siendo siempre más fiel a su palabra que a ninguna otra consideración.

7. A Emily Dickinson le importaba más el efecto inmediato del poema, incluido el dibujo en el papel, con sus irregularidades, sorpresas y sobresaltos, que la perfección formal. En este sentido hay que admitir que no se pueden establecer técnicas ni reglas fijas de traducción y aplicarlas después a todos los supuestos casos iguales. Si cada poema genera su propia gramática y construye en su unidad su propia retórica y sus propios usos metafóricos, también cada traducción habrá de respetar esa unidad de significación y sus reglas internas. De este modo, si nunca en poesía son intercambiables las palabras (aunque en el diccionario los significados sean los mismos), tampoco podremos traducir invariablemente las mismas palabras de la misma manera.

8. Esa categoría estilística vertical (como decía Barthes), tan difícil de definir, pero que existe y que es el tono del poema, es la que impone su propia semántica en cada caso.

9. A veces el traductor tiene que renunciar a entender el poema, aunque no renuncie a traducirlo. El concepto de *traducción correcta* bordea, con frecuencia, los límites de la incorrección gramatical y se aproxima, a veces, en su vano intento de trasladar todo lo trasladable (incluso los caprichos del texto original), a un nuevo tipo de entendimiento y de creación; quizá bastarda, pero creación al fin y al cabo.

10. En cuanto a la retórica particular dickinsoniana, los poemas de la Dickinson tienen una vocación aforística y apotegmática que nos recuerda la mejor tradición epigramática clásica. Por eso, a veces, el antólogo siente tentaciones de hacer una antología de los mejores versos o, incluso, de los mejo-

res fragmentos, como ya hemos dicho. Los poemas de Emily Dickinson son especialmente indicados para semejante experimento, ya que con frecuencia una estrofa no tiene nada que ver con la siguiente y se puede leer como unidad independiente.

11. Otra de las características más evidentes de su poesía es la concentración de la información. Decir lo máximo posible en el menor espacio y de la forma más ambigua. Esto obliga al traductor a respetar estrictamente el contenido semántico de cada verso, agotando la unidad del mismo sin sobrepasar sus límites, y sin hacer encabalgamientos semánticos, invertir, desdoblar, añadir versos, etc.

La tarea de la traducción se complica bastante en este punto, ya que con frecuencia el inglés es de por sí una lengua más concisa, en la que se pueden decir muchas más cosas con menos palabras, siendo siempre el resultado de la traducción un mayor número de sílabas en español. Si a esto añadimos el que hemos tratado de mantener unos ritmos métricos —normalmente imparisilábicos— en castellano, que permitan al poema su independencia poética en la otra lengua y que no sean un mero texto de apoyatura a la lectura en la lengua original, convendremos en que la tarea no es fácil. Pero cualquier otra solución nos parece que está abocada, bien a la traducción plana y sin relieve, bien a la recreación poética, hermosa a veces, pero infiel al texto.

12. Otro de los rasgos más notables es la profusión de anacolutos, que hacen a veces imposible conocer el antecedente de una frase o incluso de una estrofa entera. Esto obliga con frecuencia al traductor a optar por una de las soluciones posibles y, en consecuencia, a hacer una inevitable lectura o interpretación del poema. En traducción, optar siempre es interpretar.

13. Los caprichos en la secuencia narrativa, con los consiguientes elementos inconexos, encabalgamientos interestróficos, interrupción de la secuencia sintáctica, etc., son constantes en su poesía. La distorsión sintáctica y semántica siempre está en función del efecto inmediato deseado, y por eso el tra-

ductor debe tratar de reproducir ese mismo efecto de ruptura gramatical.

14. El sistema de metros y rimas empleado por la poetisa ha sido estudiado en detalle por T. H. Johnson en su libro *Emily Dickinson – An Interpretive Biography*[11]. Como muy bien señala Johnson, ella nunca escribió, aunque así pudiera parecer a simple vista, en verso libre. Básicamente emplea en todos sus poemas los metros derivados de los himnos y devocionarios, con lo que estaba familiarizada desde pequeña. En ellos predomina el pie yámbico o trocaico. El principal metro yámbico es el llamado *Common Meter*, que alterna los versos de ocho y seis sílabas.

15. El uso de los guiones, con un posible valor de acentuación tonal y musical, y de las mayúsculas, para realzar el valor de la palabra sustantiva, forman también parte esencial de la prosodia visual del poema. Y, por supuesto, nosotros hemos respetado ambas cosas en la traducción.

16. La idolatría que Emily Dickinson profesaba por la ambigüedad sistemática y por la elipsis, le llevan a desarrollar un especial interés por la palabra aislada, considerada como un ente independiente, que se explica más a sí mismo que en su contexto sintagmático.

A pesar de todo esto, a pesar incluso de las posibles *imperfecciones*, que algunos autores se han encargado de destacar, o quizá precisamente por ello, Emily Dickinson sigue ofreciéndonos hoy un poemario nuevo y sorprendente, al que volver en busca de emociones e imágenes inéditas.

17. Para terminar, nos parece evidente que la traducción, como el poema, no se termina nunca, se abandona. Siempre es posible una ulterior corrección o un matiz nuevo. Y con este sentido de incompleta satisfacción y de experimento abierto, es como el traductor decide poner punto final a su tarea, sólo por el momento, para dar paso a la lectura.

---

[11] Thomas H. Johnson, *Emily Dickinson – An Interpretive Biography*, Nueva York, Atheneum, 1976, págs. 84 y ss.

ESTA EDICIÓN

Esta antología pretende ser lo suficientemente amplia como para albergar todos los aspectos, tanto de contenido como estilísticos, importantes de la poesía de Emily Dickinson. Es, por tanto, una antología basada más en criterios cuantitativos y orgánicos que en supuestos criterios cualitativos. Pero esto, naturalmente, implica que hay que admitir que toda opción es caprichosa y restrictiva e impone, en última instancia, los criterios personales. Por eso, al releer los poemas tengo que admitir que son, en mi opinión, los mejores, porque son los más representativos de su poesía. Pero lo que me interesa dejar claro es que el principio básico que ha regido esta edición es el de dar al lector una visión lo más completa posible de su poesía, sin evitar poemas supuestamente más difíciles, de menor calidad aparente o menos satisfactorios desde el punto de vista del lucimiento personal de la traducción.

Y entiendo que es muy difícil hacerlo de otra manera, ya que su *corpus* poético es un todo heterogéneo pero orgánico, del que los poemas son elementos independientes, con su valor individual y susceptible de una lectura aislada, pero también constitutivos, ya que forman parte del discurso general que sostiene su mundo poético.

He ordenado los poemas respetando el orden de la edición de Johnson y siendo absolutamente fiel a todas y cada una de las peculiaridades de puntuación de la autora. Creo que el dibujo del poema en el papel es tan importante como el contenido del mismo, ya que desde el primer paréntesis a la última mayúscula, todo en Emily Dickinson es significativo.

Para el texto en inglés hemos seguido la edición de la obra

completa hecha por Johnson para Faber & Faver en un solo volumen y publicada en Londres en 1970 (ver bibliografía), porque es la más asequible para los lectores europeos, tanto económica como editorialmente —ya que está publicada en *paperback*— y la más cómoda de consultar, al estar contenida toda la obra en un solo volumen.

De las dos cifras que se indican al final de cada poema en inglés —tal como Johnson lo estableció—, la de la izquierda es la fecha supuesta de la escritura del poema, y la de la derecha es la fecha de publicación del mismo.

No hemos querido abusar de las notas a pie de página, ya que consideramos que, excepto en los casos absolutamente necesarios, dichas notas son, con frecuencia, explicaciones evidentes al lector, que dirigen, interrumpen y distraen la lectura. Consideramos que no hay que menospreciar al lector, confundiendo las notas con la hermeneútica.

Y sin más dilación ni explicaciones, dejemos que los poemas hablen por sí mismos, pues el conocido aforismo de Archibald MacLeish, «a poem should not mean but be» (Un poema no quiere decir, es), le sienta especialmente bien a los escritos por Emily Dickinson.

AGRADECIMIENTOS

Quiero dar las gracias a Javier Coy, por la confianza que demostró hacia mi trabajo desde el primer momento, al proponerme y animarme a la preparación de esta edición.

A Ramón Buenaventura, por su cuidadosa, estricta y acertada lectura de las traducciones, cuyas sugerencias engrosan los logros que pueda haber en las mismas, pero no me eximen de mis posibles errores.

A Amadeo Aláez, porque fue quien descubrió al interés de mi lectura la poesía de Emily Dickinson y es quien ha hecho la última lectura de esta traducción.

A mi madre, porque su buen humor y su siempre generoso sentido de la intendencia me han regalado tiempo y despreocupación. Y a sus perros, Duque, *in memoriam*, y Lacán, que han acompañado con sus alborozados lametazos y cabriolas la preparación de este libro.

BIBLIOGRAFÍA

PRIMERAS EDICIONES

TODD, Mabel L., y HIGGINSON, T. W., eds., *Poems by Emily Dickinson*, Boston, Roberts Brothers, 1890.

— *Poems by Emily Dickinson*, Second Series, Boston, Roberts Brothers, 1891.

TODD, Mabel L., *Letters of Emily Dickinson*, Boston, Roberts Brothers, 1984, 2 vols.

— ed., *Poems by Emily Dickinson*, Third Series, Boston, Roberts Brothers, 1896.

— *Letters of Emily Dickinson*, Nueva York, Harper and Brothers, 1931.

OBRAS COMPLETAS

JOHNSON, Thomas H., ed., *The Poems of Emily Dickinson* —Including variant reading critically compared with all known manuscripts—, Cambridge, Mass., Harvard University Press, 1955, 3 vols.

JOHNSON, Thomas H. y WARD, Theodora, ed., *The Letters of Emily Dickinson, Cambridge, Mass., Harvard University Press, 3 vols., 1958.*

JOHNSON, Thomas, H., ed., *The Complete Poems of Emily Dickinson*, Boston, Little, Brown and Co., 1960.

— *The Complete Poems of Emily Dickinson*, Londres, Faber and Faber, 1970.

— *Final Harvest —Emily Dickinson's Poems*, Boston, Little, Brown and Co., 1962. Antología de 575 poemas.

OBRAS GENERALES

ASSELINEAU, Roger, *The Transcendentalists Constant in American Literature*, Nueva York, New York University Press, 1980.

BAYM, Nina, *Woman's Fiction: A Guide to Novels by and about Women in America, 1820-1870*, Ithaca, Cornell University Press, 1978.

BEAVER, Harold, *American Critical Essays*, Londres, Oxford University Press, 1959.

BERCOVITCH, Sacvan, ed., *The American Puritan Imagination, Essays in Revaluation*, Cambridge University Press, 1974.

BLOOM, Harold, *The Anxiety of Influence: A Theory of Poetry*, Nueva York, Oxford University Press, 1973.

— *Poetry and Represion*, Revisionism from Blake to Stenens, New Haven, Yale University Press, 1976.

BORGES, Jorge Luis, *Introducción a la Literatura Norteamericana*, Buenos Aires, Columba, 1967.

BROOKS, Cleanth, y WARREN, Robert, *Understanding Poetry*, Nueva York, Holt, Rinehart & Winston, 1960.

ELIOT, T. S., *On Poetry and Poets*, Faber & Faber, Londres, 1957.

— *The Sacred Wood*, Londres, Methuen & Co., 1960.

FAUCHEREAU, Serge, *Lectura de la Poesía Americana*, Barcelona, Seix Barral, 1970.

FEIDELSON, Charles, *Symbolism and American Literature*, Chicago, University of Chicago Press, 1953.

FEIDELSON, CH., y BRODTKORB, Paul, eds., *Interpretations of American Literature*, Londres, Oxford University Press, 1959.

GUILLÉN, Jorge, *Lenguaje y Poesía*, Madrid, Alianza Editorial, 1969.

HEIDEGGER, Martín, *Arte y Poesía*, México, Fondo de Cultura Económica, 1973.

LEVIN, Harry, *The Power of Blackness* —Hawthorne, Poe, Melville—, Nueva York, Alfred A. Knopf, 1976.

LEWIS, R. W. B., *The American Adam* —Innocence, Tragedy, and Tradition in the Nineteenth Century—, Chicago, Phoenix Books, The University of Chicago Press, 1955.

MACLEISH, Archibald, *Poetry and Experience*, Boston, Houghton Mifflin Co., 1960.

MANENT, Marià, *Palabra y Poesía*, hora h, Madrid, Seminarios y Ediciones, S. A., 1971.

MATTHIESSEN, F. O., *American Renaissance*, Londres, Oxford University Press, 1968.

MILLER, Perry, *The Transcendentalists* —An Anthology—, Cambridge, Mass., Harvard University Press, 1950.

— *The New England Mind: From Colony to Province*, Cambridge, Mass., Harvard University Press, 1953.

PACHTER, Marc, ed., *Telling Lives — The Biographer's Art*, Washington, New Republic Books, 1979.

PEARCE, Roy Harvey, *The Continuity of American Poetry*, New Jersey, Princeton University Press, 1961.

RAMSON, John Crowe, *The New Criticism*, Westport, Greenwood Press, 1979.

SALINAS, Pedro, *La Realidad y el Poeta*, Barcelona, Ariel, 1976.

STEVENS, Wallace, *The Necessary Angel*, Nueva York, Vintage Books.

VALENTE, José Ángel, *Las Palabras de la Tribu*, Madrid, Siglo XXI, 1971.

WARREN, Robert Penn., *Democracy and Poetry*, Cambridge, Mass., Harvard University Press, 1975.

WINTERS, Yvor, *In Defense of Reason*, Chicago, The Swallow Press.

OBRAS SOBRE EL AUTOR

Biografías

BENET, Laura, *The Mystery of Emily Dickinson*, Nueva York, Dodd, Mead & Co., 1974.

JENKINS, MacGregor, *Emily Dickinson: Friend and Neighbor*, Boston, Little, Brown & Co., 1930.

JOHNSON, Thomas H., *Emily Dickinson: An Interpretive Biography*, Nueva York, Atheneum, 1976.

LEYDA, Jay, *The Years and Hours of Emily Dickinson*, New Haven, Yale University Press, 1960.

POLLITT, Josephine, *Emily Dickinson: The Human Background of her Poetry*, Nueva York, Harper & Brothers, 1930.

SEWALL, Richard B., *The Life of Emily Dickinson*, Londres, Faber & Faber, 1976.

WALSH, John Evangelist, *The Hidden Life of Emily Dickinson*, Nueva York, Simon and Schuster, 1971.

WHICHER, George Frisbie, *This was a Poet*, Nueva York, Charles Scribner's sons, 1939.

WOOD, James Playsted, *Emily Elizabeth Dickinson: A Portrait*, Nueva York, Thomas Nelson Inc., 1972.

Libros sobre su obra

AIKEN, Conrad, *Selected Poems of Emily Dickinson*, –Edited with an Introduction by–, Londres, Jonathan Cape, 1924.

ALEXANDER, Charlotte, *The Poetry of Emily Dickinson*, Nueva York, Monarch Notes, 1965.

ANDERSON, Charles, R., *Emily Dickinson's Poetry* –Stairway of Surprise–, Nueva York, Anchor Books, 1966.

ARP, Thomas Roscoe, *Dramatic Poses in the Poetry of E. D.,* Ph. D., Stanford University, 1962.

BIANCHI, Martha Dickinson, ed., *The Single Hound,* Boston, Little, Brown & Co., 1914.

— *The Complete Poems of E. D.,* Boston, Little Brown & Co., 1924.

— *Life and Letters of Emily Dickinson,* Boston, Houghton Mifflin & Co., 1924.

BIANCHI, M. D., y HAMPSON, A. L., *Further Poems of Emily Dickinson.*

BIANCHI, M. D., *Emily Dickinson Face to Face,* Boston, Houghton Mifflin, 1932.

— *Unpublished Poems of Emily Dickinson,* Boston, Little Brown & Co., 1935.

BINGHAM, Millicent Todd, *Ancestor's Brocades,* Nueva York, Harper & Brothers, 1945.

BINGHAM, M. T., *Bolts of Melody,* Nueva York, Harper and Brothers Publishers, 1945.

— *Emily Dickinson – A Revelation.*

— *Emily Dickinson's Home,* Nueva York, Harper and Brothers, 1955.

CAMERON, Sharon, *Lyric Time: Dickinson and the Limits of Genre,* Baltimore, The Johns Hopkins University Press, 1979.

CAPPS, Jack L., *Emily Dickinson's Reading,* Cambridge, Mass., Harvard University Press, 1966.

CHASE, Richard, *Emily Dickinson,* William Sloane Associates, 1951.

CODY, John, *After Great Pain, The Inner Life of Emily Dickinson,* Cambridge, Mass., Harvard University Press, 1971.

DIEHL, Joanne Feit, *Dickinson and the Romantic Imagination,* New Jersey, Princeton University Press, 1981.

DONOGHUE, Denis, *Emily Dickinson,* Pamphlets, n. 81, Minneapolis, University of Minnesota, 1969.

DUNCAN, Douglas, *Emily Dickinson,* Londres, Oliver and Boyd, 1965.

FAGUNDO, Ana María, *Vida y Obra de Emily Dickinson,* Madrid, Alfaguara, 1972.

FEIT DIEHL, Joanne, *Dickinson and the Romantic Imagination,* New Jersey, Princeton University Press, 1981.

FORD, Thomas W., *Heaven beguiles the Tired* –Death in the Poetry of E. D.–, Alabama, University of Alabama Press, 1966.

FRANKLIN, R. W., *The Editing of Emily Dickinson,* University of Wisconsin Press, 1967.

— ed., *The Manuscript Books of Emily Dickinson,* Cambridge, Mass., Harvard University Press, 1981, 2 vols.

GELPI, Albert, *Emily Dickinson, The Mind of the Poet,* Nueva York, The Norton Library, 1971.

GILBERT, Sandra y GUBAR, Susan, *The Madwoman in the Attic,* New Haven, Yale University Press, 1979.

GRIFFITH, Clark, *The Long Shadow,* New Jersey, Princeton University Press, 1964.

HIGGINS, David, *Portrait of Emily Dickinson, The Poet and her Prose,* New Jersey, Rutgers University Press, 1967.

KELLER, Karl, *The only Kangaroo among the Beauty, E. D. and America,* Baltimore, The Johns Hopkins University Press, 1979.

KHER, Inder Nath, *The Landscape of Absence,* New Haven, Yale University Press, 1974.

LUCE, William, *The Belle of Amherst,* Boston, Houghton Mifflin, 1976.

MACLEISH y otros, *Emily Dickinson: Three Views,* Amherst, Amherst College Press, 1960.

MCNEIL, Helen, *Emily Dickinson,* Londres, Virago Press, 1986.

MARTIN, Wendy, *Am American Triptych,* Chapel Hill, North Carolina Press, 1984.

MUDGE, Jean, *Emily Dickinson and the Image of Home,* Amherst, University of Massachusetts Press, 1975.

PATTERSON Rebecca, *The Riddle of Emily Dickinson,* Boston, Houghton Mifflin, 1951.

— *Emily Dickinson's Imagery,* Amherst, University of Massachusetts Press, 1979.

POLLAK, Vivian R., *The Anxiety of Gender,* Ithaca, Nueva York, Cornell University Press, 1984.

PORTER, David, *The Art of Emily Dickinson's Early Poetry,* Cambridge, Mass., Harvard University Press, 1966.

— *Dickinson, The Modern Idiom,* Cambridge, Mass., Harvard University Press, 1981.

ROSENBAUM, S. P., *A Concordance to the Poems of Emily Dickinson,* Ithaca, Nueva York, Cornell University Press, 1964.

SEWALL, Richard B., *Emily Dickinson, A Collection of Critical Essays,* Prentice-Hall, New Jersey, Twentieth Century Views, 1963.

SHERWOOD, William, *Circumference and Circumstance,* Nueva York, Columbia University Press, 1968.

TODD, John Emerson, *Emily Dickinson's Use of the Persona,* La Haya-París, Mouton, 1973.

WARD, Theodora, *The Capsule of the Mind,* Cambridge, Mass., Harvard University Press, 1961.

WEISBUCH, Robert, *Emily Dickinson's Poetry,* University of Chicago Press, 1975.

WELLS, Henry W., *Introduction to Emily Dickinson,* Chicago, Packard & Company, 1947.

EDICIONES ESPAÑOLAS

CASTILLO, Julia, *Emily Dickinson, Poemas,* Madrid, Libros Maina, 1984.
CHAMPOURCÍN, Ernestina, *Obra escogida,* México, Centauro, 1946.
JORDANA, Ricardo, y MACARULLA, María, *Poemas de Emily Dickinson,* Barcelona, Bosch, 1980.
MANENT, Marià, *Emily Dickinson, Poemas,* Barcelona, Juventud, 1957. Reeditado después en Madrid, Visor, 1973.
OCAMPO, Silvina, *Emily Dickinson – Poemas,* Barcelona, Tusquets, 1985.

La casa-museo de la familia Dickinson en la actualidad.

POEMAS

5

I have a Bird in spring
Which for myself doth sing –
The spring decoys.
And as the summer nears –
And as the Rose appears,
Robin is gone.

Yet do I not repine
Knowing that Bird of mine
Though flown –
Learneth beyond the sea
Melody new for me
And will return.

Fast in a safer hand
Held in a truer Land
Are mine –
And though they now depart,
Tell I my doubting heart
They're thine.

In a serener Bright,
In a more golden light
I see
Each little doubt and fear,
Each little discord here
Removed.

5

Tengo un Pájaro en primavera
Que canta para mí –
La primavera es un señuelo.
Y cuando el verano se acerca –
Y aparece la Rosa,
El petirrojo se ha marchado.

Pero yo no me aflijo
Sabiendo que mi Pájaro
Aunque ya haya volado –
Aprende allende el mar
La nueva melodía para mí
Y volverá.

Raudas en mano más segura
Sujetas a una Tierra verdadera
Son las mías –
Y aunque ahora partan,
Le digo a mi dubitativo corazón
Que son las tuyas.

En más sereno Brillo
En más dorada luz
Yo veo
Cada pequeña duda y miedo
Cada discordia
Terminada.

Then will I not repine,
Knowing that Bird of mine
Though flown
Shall in a distant tree
Bright melody for me
Return.

1854   1932

8

There is a word
Which bears a sword
Can pierce an armed man –
It hurls its barbed syllables
And is mute again –
But where it fell
The saved will tell
On patriotic day,
Some epauletted Brother
Gave his breath away.

Wherever runs the breathless sun –
Wherever roams the day –
There is its noiseless onset –
There is its victory!
Behold the keenest marksman!
The most accomplished shot!
Time's sublimest target
Is a soul «forgot!»

c. 1858   1896

10

My wheel is in the dark!
I cannot see a spoke
Yet know its dripping feet
Go round and round.

Así que no me afligiré
Sabiendo que mi Pájaro
Aunque ya haya volado
Desde un árbol distante
Brillante melodía para mí
Traerá.

8

Hay una palabra
Que lleva espada
Puede atravesar a un hombre armado –
Lanza sus sílabas punzantes
Y enmudece de nuevo –
Pero allí donde caiga
Los salvados dirán
En patriótico día,
Que un Hermano con charreteras
Rindió su último aliento.

Donde quiera que corra el jadeante sol –
Donde quiera que vague el día –
Allí está su silencioso ataque –
¡Allí está su victoria!
¡Contemplad al tirador más diestro!
¡El tiro más certero!
El más sublime blanco del Tiempo
¡Es un alma «olvidada»!

10

¡Mi rueda está en la oscuridad!
No veo los radios
Aunque sé que sus pies chorreantes
Dan vueltas y más vueltas.

My foot is on the Tide!
An unfrequented road –
Yet have all roads
A clearing at the end –

Some have resigned the Loom –
Some in the busy tomb
Find quaint employ –

Some with new – stately feet –
Pass royal through the gate –
Flinging the problem back
At you and I!

c. 1858   *1914*

14

One Sister have I in our house,
And one, a hedge away.
There's only one recorded,
But both belong to me.

One came the road that I came –
And wore my last year's gown –
The other, as a bird her nest,
Builded our hearts among.

She did not sing as we did –
It was a different tune –
Herself to her a music
As Bumble bee of June.

Today is far from Childhood –
But up and down the hills
I held her hand the tighter –
Which shortened all the miles –

¡Mi pie está en la Marea!
Un camino no transitado –
Mas todos los caminos tienen
Un claro al final –

Unos han renunciado a su Telar –
Otros en la ocupada tumba
Encuentran un empleo peculiar –

Otros con nuevos – e imponentes pies –
Atraviesan magníficos la puerta –
Y el problema nos lanza
¡A ti y a mí!

14

Tengo una Hermana en nuestra casa,
Y a un seto de distancia, tengo otra.
Inscrita está tan sólo una,
Pero me pertenecen ambas.

Una vino por el camino que yo vine –
Y llevó mi vestido, el del año anterior –
La otra, cual pájaro su nido,
En medio de nuestros corazones construyó.

Pero ella no cantaba como cantábamos nosotras –
Era un tono distinto –
Ella era para sí su propia música
Como el Abejorro de Junio.

Hoy está lejos de la Infancia –
Mas subiendo y bajando las colinas
Yo apretaba su mano con más fuerza –
Haciendo más pequeñas las distancias –

And still her hum
The years among,
Deceives the Butterfly;
Still in her Eye
The Violets lie
Mouldered this many May.

I spilt the dew —
But took the morn —
I chose this single star
From out the wide night's numbers —
Sue — forevermore!

1858   1914

19

A sepal, petal, and a thorn
Upon a common summer's morn —
A flask of Dew — A Bee or two —
A Breeze — a caper in the trees —
And I'm a Rose!

c. 1858   1896

23

I had a guinea golden —
I lost it in the sand —
And tho' the sum was simple
And pounds were in the land —
Still, had it such a value
Unto my frugal eye —
That when I could not find it —
I sat me down to sigh.

I had a crimson Robin —
Who sang full many a day
But when the woods were painted,

Y todavía su susurro
Al cabo de los años,
Engaña a la Mariposa;
Y todavía en sus Ojos
Yacen las Violetas
Convertidas en polvo hace ya muchos Mayos.

Yo derramé el rocío –
Mas me quedé con la mañana –
Escogí esta estrella singular
De las muchas que pueblan la amplia noche –
¡Sue – para siempre!

19

Pétalo, sépalo y espina
Cualquier mañana de verano –
Redoma de Rocío – Alguna Abeja –
Una Brisa – un revuelo en los árboles –
¡Y yo soy una Rosa!

23

Tenía una guinea de oro –
Y la perdí en la arena –
Y aunque la suma era sencilla
Y había libras en la tierra –
Aún así, tanto valor tenía
A mi ojo frugal –
Que al no encontrarla –
Me senté a suspirar.

Tenía un Petirrojo carmesí –
Que cantaba durante todo el día
Pero cuando los bosques se colorearon

He, too, did fly away –
Time brought me other Robins –
Their ballads were the same –
Still, for my missing Troubadour
I kept the «house at hame».

I had a star in heaven –
One «Pleiad» was its name –
And when I was not heeding,
It wandered from the same.
And tho'the skies are crowded –
And all the night ashine –
I do not care about it –
Since none of them are mine.

My story has a moral –
I have a missing friend –
«Pleiad» its name, and Robin,
And guinea in the sand.
And when this mournful ditty
Accompanied with tear –
Shall meet the eye of traitor
In country far from here –
Grant that repentance solemn
May seize upon his mind –
And he no consolation
Beneath the sun may find.

c. 1858   *1896*

31

Summer for thee, grant I may be
When Summer days are flown!

También se fue volando –
El tiempo me trajo otros Petirrojos –
Eran las mismas sus baladas –
Sin embargo, para mi Trovador ausente
Mantuve la «casa lista»*

Tenía una estrella en el cielo –
«Pléyade» era su nombre –
Y cuando yo no estaba atenta,
Vagaba de igual modo.
Y aunque los cielos están llenos –
Y brillan toda la noche –
No me importa
Ya que ninguna de ellas es la mía.

Mi historia tiene una moraleja –
Tengo un amigo ausente –
Su nombre es «Pléyade» y Petirrojo,
Y guinea en la arena.
Y cuando esta triste cancioncilla
Acompañada por las lágrimas –
Dé con el ojo del traidor
En un país lejano –
Concédele el solemne arrepentimiento
Que pueda atenazar su mente –
Y que ningún consuelo
Encuentre bajo el sol.

31

¡El verano sería para ti
Cuando los días de Verano hayan volado!

---

* *At hame* (v. 16) como expresión hecha no está documentada en el *Oxford English Dictionary*. Como sustantivo significa el conjunto de arreos del caballo. También es la forma obsoleta de la palabra *haulm*, que significa gavilla. (N. del T.)

Thy music still, when Whippoorwill
And Oriole – are done!

For thee to bloom, I'll skip the tomb
And row my blossoms o'er!
Pray gather me –
   Anemone –
Thy flower –forevermore!

c. 1858   *1896*

35

Nobody knows this little Rose –
It might a pilgrim be
Did I not take it from the ways
And lift it up to thee.
Only a Bee will miss it –
Only a Butterfly,
Hastening from far journey –
On its breast to lie –
Only a Bird will wonder –
Only a Breeze will sigh –
Ah Little Rose – how easy
For such as thee to die!

c. 1858   *1891*

38

By such and such an offering
To Mr. So and So,
The web of life woven –
So martyrs albums show!

c. 1858   *1945*

¡Tu música, cuando el Cuclillo*
Y la Oropéndola – se marchan!

Para que tú florezcas, yo saltaré la tumba
¡Y plantaré en hilera mis capullos!
Te ruego, recógeme –
        Anémona –
¡Tu flor – ya para siempre!

35

Nadie conoce esta pequeña Rosa –
Podría ser un peregrino
De no haberla cogido del sendero
Y habértela ofrecido.
Sólo una Abeja la echará de menos –
Sólo una Mariposa,
Precipitándose tras un lejano viaje –
A yacer en su pecho –
Sólo un Pájaro se preguntará –
Sólo suspirará una Brisa –
¡Ah, Pequeña Rosa – qué fácil
Para alguien como tú morir!

38

Por tal y tal ofrenda
Al señor tal y tal,
Es tejida la tela de la vida –
¡Según demuestra el álbum de los mártires!

---

* *Whippoorwill* (v. 3) es un pájaro nocturno que habita en el este de USA y Canadá. Es de tamaño pequeño y color marrón. Vuela y canta sólo de noche y su nombre imita su canto.
   El diccionario *Webster's* lo denomina «Nocturnal Goatsucker», que algunos diccionarios españoles traducen por «Chotacabras».
   Su nombre latino es «Caprimulgus Vociferus». *(N. del T.)*

Muestras de los cambios en la escritura de Emily
(con año y número de poema).

I never lost as much but twice,
And that was in the sod.
Twice have I stood a beggar
Before the door of God!

Angels — twice descending
Reimbursed my store —
Burglar! Banker — Father!
I am poor once more.

1858 – núm. 49.

Except the smaller
size
No lives are round —
These — hurry to a Sphere
And show — and end —

1866 – núm. 1067.

The last of
Summer is
Delight
Deterred by
Retrospect.
'Tis Ecstasy's
revealed Review.
Enchantment's
Syndicate.

1876 – núm. 1353.

The   Heart
                    Doors -
has   many   but
I   can
knock.
for   any   Sweet
"Come   in"
                    to
I Impelled
hark.

1883 – núm. 1567.

44

If she had been the Mistletoe
And I had been the Rose –
How gay upon your table
My velvet life to close –
Since I am of the Druid,
And she is of the dew –
I'll deck Tradition's buttonhole –
And send the Rose to you.

c. 1858   *1894*

47

Heart! We will forget him!
You and I – tonight!
You may forget the warmth he gave –
I will forget the light!

When you have done, pray tell me
That I may straight begin!
Haste! lest while you're lagging
I remember him!

c. 1858   *1896*

49

I never lost as much but twice,
And that was in the sod.
Twice have I stood a beggar
Before the door of God!

Angels – twice descending
Reimbursed my store –
Burglar! Banker – Father!
I am poor once more!

c. 1858   *1890*

Si ella hubiera sido el Muérdago
Y yo la Rosa –
Qué alegre sobre tu mesa
Mi vida terciopelo se cerrara –
Ya que soy de los Druidas,
Y del rocío es ella –
Adornaré el ojal de la Costumbre –
Y te enviaré la Rosa.

47

¡Corazón! ¡Lo olvidaremos!
¡Esta noche – Tú y Yo!
Tú puedes olvidar el calor que nos daba –
¡Yo olvidaré la luz!

Cuando hayas terminado te ruego me lo digas
¡Que acaso pueda comenzar de nuevo!
¡Deprisa! no sea que mientras te entretienes
¡Lo recuerde!

49

Nunca tanto perdí sino dos veces,
Y fue sobre la hierba.
Dos veces me he plantado cual mendigo
¡De Dios ante la puerta!

Al descender los Ángeles dos veces
Repararon mi hacienda –
¡Ladrón! Banquero – ¡Padre!
¡Soy pobre una vez más!

50

I haven't told my garden yet –
Lest that should conquer me.
I haven't quite the strength now
To break it to the Bee –

I will not name it in the street
For shops would stare at me –
That one so shy – so ignorant
Should have the face to die.

The hillsides must not know it –
Where I have rambled so –
Nor tell the loving forests
The day that I shall go –

Nor lisp it at the table –
Nor heedless by the way
Hint that within the Riddle
One will walk today –

c. 1858   185

55

By Chivalries as tiny,
A Blossom, or a Book,
The seeds of smiles are planted –
Which blossom in the dark.

c. 1858   1945

61

Papa above!
Regard a Mouse
O'erpowered by the Cat!

A mi jardín aún no se lo he dicho –
No sea que me pueda.
Y no tengo la fuerza
Para contárselo a la Abeja –

No lo mencionaré en la calle
Las tiendas mirarían fijamente –
Que alguien tan tímido – ignorante
El coraje tuviera de morir.

Y las laderas no deben saber –
Por donde yo he vagado tanto –
Ni les diré a los dulces bosques
El día en que me vaya –

Ni lo balbuciré en la mesa –
Ni por descuido
Insinuaré que dentro del Enigma
Hoy alguien andará –

Por Gentilezas diminutas como
Un Capullo o un Libro,
Se plantan las semillas de sonrisas –
Que en lo oscuro florecen.

¡Papá que estás arriba!
¡Repara en el Ratón
Vencido por el Gato!

Reserve within thy kingdom
A «Mansion» for the Rat!

Snug in seraphic Cupboards
To nibble all the day,
While unsuspecting Cycles
Wheel solemnly away!

c.1859   *1914*

67

Success is counted sweetest
By those who ne'er succeed.
To comprehend a nectar
Requires sorest need.

Not one of all the purple Host
Who took the Flag today
Can tell the definition
So clear of Victory

As he defeated – dying –
On whose forbidden ear
The distant strains of triumph
Burst agonized and clear!

c. 1859   *1878*

74

A Lady red – amid the Hill
Her annual secret keeps!
A Lady white, within the Field
In placid Lily sleeps!

The tidy Breezes, with their Brooms –
Sweep vale – and hill – and tree!

¡En tu reino reserva
Una «Mansión» para la Rata!

¡Cómoda en seráficas Alacenas
Royendo todo el día,
Mientras insospechados Ciclos
Se van girando con solemnidad!

67

El éxito se antoja lo más dulce
Para aquéllos que nunca lo tuvieron.
El comprender un néctar
Lo más amargo exige.

Ni una tan sólo de aquellas Huestes púrpura
Que hoy portaban Banderas
Podría dar definición tan clara
De la Victoria

Como aquel que vencido —agonizante —
En cuyos oídos impedidos
Los lejanos esfuerzos del triunfo
¡Estallaban agónicos y claros!

74

¡Una Dama roja — entre las Montañas
Su anual secreto guarda!
¡Una Dama blanca, en medio del Campo
Duerme en plácido Lirio!

¡Las hacendosas Brisas con Escobas —
Valle — Montaña — y árbol — barren!

[75]

Prithee, My pretty Housewives!
Who may expected be?

The Neighbors do not yet suspect!
The Woods exchange a smile!
Orchard, and Buttercup, and Bird –
In such a little while!

And yet, how still the Landscape stands!
How nonchalant the Hedge! .
As if the «Resurrection»
Were nothing very strange!

c. 1859   *1896*

76

Exultation is the going
Of an inland soul to sea,
Past the houses – past the headlands –
Into deep Eternity –

Bred as we, among the mountains,
Can the sailor understand
The divine intoxication
Of the first league out from land?

c. 1859   *1890*

84

Her breast is fit for pearls,
But I was not a «Diver» –
Her brow is fit for thrones
But I have not a crest.
Her heart is fit for *home* –
I – a Sparrow – build there
Sweet of twigs and twine
My perennial nest.

c. 1859   *1894*

¡Bellas Amas de Casa, yo os suplico!
¿Quién puede ser el esperado?

¡Los vecinos aún no lo sospechan!
¡Los Bosques intercambian sus sonrisas!
¡Huerto, Ranúnculo y Pájaro –
En tan poquito tiempo!

Y sin embargo, ¡qué quieto está el Paisaje!
¡Qué indiferente el Seto!
¡Como si la «Resurrección»
No fuera nada extraño!

76

Es júbilo hacerse al mar
Para un alma de tierra adentro,
Tras las casas – tras los cabos –
A la Eternidad profunda –

Cual nosotros, criado en las montañas,
¿Acaso entiende el marino
La sublime ebriedad
De la primera legua separado de tierra?

84

A su seno le sientan bien las perlas,
Pero yo no era «Pescador» –
A su frente le sientan bien los tronos
Mas no tengo cimera.
A su pecho le sienta bien *hogar* –
Yo – Gorrión – ahí construyo
Dulce de enredaderas y de ramas
Mi perenne nido.

My friend must be a Bird –
Because it flies!
Mortal, my friend must be,
Because it dies!
Barbs has it, like a Bee!
Ah, curious friend!
Thou puzzlest me!

c. 1859   *1896*

One dignity delays for all –
One mitred Afternoon –
None can avoid this purple –
None evade this Crown!

Coach, it insures, and footmen –
Chamber, and state, and throng –
Bells, also, in the village
As we ride grand along!

What dignified Attendants!
What service when we pause!
How loyally at parting
Their hundred hats they raise!

How pomp surpassing ermine
When simple You, and I,
Present our meek escutcheon
And claim the rank to die!

c. 1859   *1890*

New feet within my garden go –
New fingers stir the sod –

¡Tiene que ser un Pájaro mi amigo –
Porque vuela!
¡Mortal tiene que ser mi amigo,
Porque muere!
¡Tiene púas, como una Abeja!
¡Ah, mi curioso amigo!
¡Tú me dejas perpleja!

Una dignidad se demora por todas –
Una Tarde mitrada –
Nadie puede esta púrpura evitar –
¡Nadie eludir esta Corona!

Un Coche, asegura, y lacayos –
Cámara, tropel y estado –
¡También campanas en el pueblo
Cuando imponentes paseamos!

¡Qué dignos Servidores!
¡Qué servicio en las pausas;
¡Al partir, qué lealmente
Se quitan sus sombreros numerosos!

¡Qué pompa que eclipsa el armiño
Mientras tú y yo, sencillos,
Presentamos tan sólo nuestras humildes armas,
Reclamamos el rango de morir!

Nuevos pies andan por mi jardín –
Nuevos dedos escarban en el césped –

A Troubadour upon the Elm
Betrays the solitude.

New children play upon the green –
New Weary sleep below –
And still the pensive Spring returns –
And still the punctual snow!

c. 1859   *1890*

102

Great Caesar! Condescend
The Daisy, to receive,
Gathered by Cato's Daughter,
With your majestic leave!

c. 1859   *1932*

106

The Daisy follows soft the Sun –
And when his golden walk is done –
Sits shyly at his feet –
He – waking – finds the flower there –
Wherefore – Marauder – art thou here?
Because, Sir, love is sweet!

We are the Flower – Thou the Sun!
Forgive us, if as days decline –
We nearer steal to Thee!
Enamored of the parting West –
The peace – the flight – the Amethyst –
Night's possibility!

c. 1859   *1890*

Un Trovador subido a un Olmo
La soledad traiciona.

Nuevos niños juegan sobre la hierba –
Nuevo sueño Fatigado debajo –
Y sin embargo vuelve la pensativa Primavera –
¡Y sin embargo la nieve puntual!

102

¡Gran César! ¡Dígnate
Aceptar la Margarita,
Recogida por la Hija de Catón
Con vuestro mayestático permiso!

106

Sigue suave la Margarita al Sol –
Y terminada su dorada vuelta –
Se sienta tímida a sus pies –
Al despertar – encuentra allí a la flor –
¿Por qué – Merodeadora – estás aquí?
Porque, Señor, ¡es el amor tan dulce!

Somos la Flor nosotros – y ¡Tú el Sol!
¡Perdónanos si al declinar los días –
Nos acercamos más a Ti!
¡Del Oeste que parte, enamorados –
Del vuelo – de la paz – de la Amatista –
Y de la Noche, posibilidad!

108

Surgeons must be very careful
When they take the knife!
Underneath their fine incisions
Stirs the Culprit – *Life!*

c. 1859   *1891*

111

The Bee is not afraid of me.
I know the Butterfly.
The pretty people in the Woods
Receive me cordially –

The Brooks laugh louder when I come –
The Breezes madder play;
Wherefore mine eye thy silver mists,
Wherefore, Oh Summer's Day?

c. 1859   *1890*

115

What Inn is this
Where for the night
Peculiar Traveller comes?
Who is the Landlord?
Where the maids?
Behold, what curious rooms!
No ruddy fires on the hearth –
No brimming Tankards flow –
Necromancer! Landlord!
Who are these below?

c. 1859   *1891*

Los cirujanos han de andar con tiento
¡Al coger el cuchillo!
Bajo sus delicadas incisiones
Se agita el Culpable – *¡La Vida!*

La Abeja no me tiene miedo.
Conozco a la Mariposa.
La hermosa gente de los Bosques
Me recibe con afecto –

Los arroyos se ríen más alto cuando llego –
Y las Brisas más alocadas juegan;
¿A qué mis ojos tus plateadas brumas,
A qué, Oh Día de Verano?

¿Cuál es esta Posada
Donde para una noche
Tan peculiar Viajero llega?
¿Quién es el Posadero?
¿Dónde están las doncellas?
¡Contemplad qué curiosos aposentos!
Sin rubicundos fuegos en los lares –
Ni Jarras rebosantes –
¡Nigromante! ¡Patrón!
¿Quiénes son los de abajo?

123

Many cross the Rhine
In this cup of mine.
Sip old Frankfort air
From my brown Cigar.

c. 1859   1945

128

Bring me the sunset in a cup,
Reckon the morning's flagons up
And say how many Dew,
Tell me how far the morning leaps –
Tell me what time the weaver sleeps
Who spun the breadths of blue!

Write me how many notes there be
In the new Robin's ecstasy
Among astonished boughs –
How many trips the Tortoise makes –
How many cups the Bee partakes,
The Debauchee of Dews!

Also, who laid the Rainbow's piers,
Also, who leads the docile spheres
By withes of supple blue?
Whose fingers string the stalactite –
Who counts the wampum of the night
To see that none is due?

Who built this little Alban House
And shut the windows down so close
My spirit cannot see?
Who'll let me out some gala day

Muchos cruzan el Rhin
En esta copa mía.
Sorbe el viejo aire de Frankfort
De mi Puro marrón.

128

Tráeme el ocaso en una copa,
Cuenta las jarras de mañana
Y di cuántos Rocíos,
Dime qué lejos salta la mañana –
A qué hora duerme el tejedor
¡Y quién hila la anchura del azul!

Escríbeme cuántas notas habrá
En el nuevo éxtasis del Petirrojo
En las ramas asombradas –
¡Cuántos viajes hace la Tortuga –
Cuántas copas comparte la Abeja,
Crápula de Rocíos!

También, ¿quién trazó los pilares del Arco Iris,
Quién dirige las dóciles esferas,
Con mimbres de azul flexible?
¿Qué dedos ensartan las estalactitas –
Quién cuenta los abalorios de la noche
Para ver que no falta ninguno?

¿Quién construyó esta Casa Tranparente*
Y dejó las ventanas tan cerradas
Que mi espíritu no pudiera ver?
¿Quién me dejará salir un día de gala

---

* *Alban* (v. 19) es una substancia resinosa blanca y cristalina que se extrae de la butapercha, tratada con alcohol o éter. *(N. del T.)*

With implements to fly away,
Passing Pomposity?

c. 1859   1891

133

As Children bid the Guest «Good Night»
And then reluctant turn –
My flowers raise their pretty lips –
Then put their nightgowns on.

As children caper when they wake
Merry that it is Morn –
My flowers from a hundred cribs
Will peep, and prance again.

c. 1859   1890

135

Water, is taught by thirst.
Land – by the Oceans passed.
Transport – by throe –
Peace – by its battles told –
Love, by Memorial Mold –
Birds, by the Snow.

c. 1859   1896

144

She bore it till the simple veins
Traced azure on her hand –
Till pleading, round her quiet eyes
The purple Crayons stand.

Con instrumentos para volar muy lejos,
Ostentación que pasa?

133

Como los Niños dicen al Huésped «Buenas Noches»
Y se marchan sin ganas –
Mis flores alzan sus hermosos labios –
Y se ponen sus ropas de dormir.

Como los niños brincan cuando despiertan
Contentos de que sea de Día –
Mis flores desde cien cunas
Mirarán a hurtadillas y saltarán de nuevo.

135

El Agua por la sed se enseña.
La Tierra – por los Mares navegados.
El Rapto – por la angustia –
La Paz – por las batallas relatadas –
El amor, por el Molde* del Recuerdo –
Por la Nieve los Pájaros.

144

Lo llevó hasta que las sencillas venas
Trazaron el azur sobre su mano –
Hasta que, suplicantes, en torno a sus callados ojos
Los Lápices de púrpura se alzaron.

---

* Mediante el término *Mold* (v. 5), la poetisa mantiene la ambigüedad: Moho = Tumba. Molde o Marco = Monumento conmemorativo o retrato. *(N. del T.)*

Till Daffodils had come and gone
I cannot tell the sum,
And then she ceased to bear it –
And with the Saints sat down.

No more her patient figure
At twilight soft to meet –
No more her timid bonnet
Upon the village street –

But Crowns instead, and Courtiers –
And in the midst so fair,
Whose but her shy – immortal face
Of whom we're whispering here?

c. 1859   *1935*

146

On such a night, or such a night,
Would anybody care
If such a little figure
Slipped quiet from its chair –

So quiet – Oh how quiet,
That nobody might know
But that the little figure
Rocked softer – to and fro –

On such a dawn, or such a dawn –
Would anybody sigh
That such a little figure
Too sound asleep did lie

For Chanticleer to wake it –
Or stirring house below –
Or giddy bird in orchard –
Or early task to do?

Hasta que los Narcisos, llegaron y se fueron,
No sé decir las veces,
Y dejó luego de llevarlo –
Y se sentó junto a los Santos.

Ya nunca más su paciente figura
Delicada encontrar en el crepúsculo –
Ya nunca más su tímido gorrito
En la calle del pueblo –

En su lugar, Acompañantes y Coronas
Y en medio, tan hermosa,
¿De Quién sino de ella tímida – inmortal cara
De quien hablamos en voz baja ahora?

146

En semejante noche, en una noche tal,
¿Le importaría a alguien
Si una figura tan pequeña
Se deslizara silenciosa de su silla –

Tan callada – Oh qué callada,
Que nadie advertiría
Sino que aquella figurilla
Se mecía suavemente – adelante y atrás –?

En semejante aurora, en una aurora tal –
¿Suspiraría alguien
De que figura tan pequeña
Yaciera en sueño tan profundo

Para ser despertada por el Gallo –
Por la agitada casa de debajo –
El aturdido pájaro en el huerto –
O la labor temprana?

There was a little figure plump
For every little knoll –
Busy needles, and spools of thread –
And trudging feet from school –

Playmates, and holidays, and nuts –
And visions vast and small –
Strange that the feet so precious charged
Should reach so small a goal!

c. 1859   1891

156

You love me – you are sure –
I shall not fear mistake –
I shall not *cheated* wake –
Some grinning morn –
To find the Sunrise left –
And Orchards – unbereft –
And Dollie – gone!

I need not start – you're sure –
That night will never be –
When frightened – home to Thee I run –
To find the windows dark –
And no more Dollie – mark –
Quite none?

Be sure you're sure – you know –
I'll bear it better now –
If you'll just tell me so –
Than when – a little dull Balm grown –
Over this pain of mine –
You sting – again!

c. 1860   1945

Había una pequeña figura regordeta
Para cada montículo –
Ocupadas agujas y carretes de hilo –
Y perezosos pies de vuelta de la escuela –

Compañeros de juego, vacaciones y nueces –
Y visiones enormes y pequeñas –
¡Qué raro que los pies con una carga tan preciosa
Alcancen una meta tan pequeña!

156

Me quieres – estás segura –
No temeré equivocarme –
No me despertaré *engañada* –
Una mañana irónica
Para encontrarme con que el Amanecer no está –
Los Huertos – desprovistos –
¡Y Dollie – que se ha ido!

No tengo que empezar – estás segura –
Esa noche nunca tendrá lugar –
Cuando asustada – corro hacia Ti –
Y me encuentro las ventanas oscuras –
Y no más Dollie – punto –
¿Ninguna?

Estáte segura de que estás segura – sabes –
Lo llevaré mejor ahora –
Si así tú me lo pides –
Que cuando – pequeño Bálsamo sombrío –
Sobre éste mi dolor –
¡Tú me punzas – de nuevo!

158

Dying! Dying in the night!
Won't somebody bring the light
So I can see which way to go
Into the everlasting snow?

And «Jesus»! Where is *Jesus* gone?
They said that Jesus — always came —
Perhaps he doesn't know the House —
This way, Jesus, Let him pass!

Somebody run to the great gate
And see if Dollie's coming! Wait!
I hear her feet upon the stair!
Death won't hurt — now Dollie's here!

c. 1860   1945

160

Just lost, when I was saved!
Just felt the world go by!
Just girt me for the onset with Eternity,
When breath blew back,
And on the other side
I heard recede the disappointed tide!

Therefore, as One returned, I feel
Odd secrets of the line to tell!
Some Sailor, skirting foreign shores —
Some pale Reporter, from the awful doors
Before the Seal!

Next time, to stay!
Next time, the things to see
By Ear unheard,
Unscrutinized by Eye —

¡Morir! ¡Morirse por la noche!
¿No traerá alguien la luz
Para que pueda ver qué camino tomar
A la perpetua nieve?

¡Y «Jesús»! ¿Dónde se ha ido *Jesús?*
Dicen que Jesús – siempre vino –
Quizá la Casa no conoce –
Por aquí, Jesús, ¡Dejadle pasar!

Que alguien corra hacia la verja grande
¡A ver si Dollie viene! ¡Esperad!
¡Oigo sus pies en la escalera!
¡La muerte no me hará daño – ahora Dollie está aquí!

¡Perdida, cuando estaba ya salvada!
¡Noté que el mundo se me iba!
Me ceñí para enfrentarme con la Eternidad,
Cuando volvió el aliento,
Y al otro lado
¡Oí que la marea se retiraba con desilusión!

¡Así que como Aquél que regresa, yo me siento
Con ganas de contar del ecuador raros secretos!
¡Un Marinero, bordeando extrañas costas –
Pálido Mensajero, de las terribles puertas
Ante el Sello!

¡La próxima vez, quedarse!
La próxima vez, ver las cosas
Por el oído no escuchadas
No escudriñadas por el Ojo –

Next time, to tarry,
While the Ages steal –
Slow tramp the Centuries,
And the Cycles wheel!

c. 1860   *1891*

166

I met a King this afternoon!
He had not on a Crown indeed,
A little Palmleaf Hat was all,
And he was barefoot, I'm afraid!

But sure I am he Ermine wore
Beneath his faded Jacket's blue –
And sure I am, the crest he bore
Within that Jacket's pocket too!

For 'twas too stately for an Earl –
A Marquis would not go so grand!
'Twas possibly a Czar petite –
A Pope, or something of that kind!

If I must tell you, of a Horse
My freckled Monarch held the rein –
Doubtless an estimable Beast,
But not at all disposed to run!

And such a wagon! While I live
Dare I presume to see
Another such a vehicle
As then transported me!

Two other ragged Princes
His royal state partook!
Doubtless the first excursion
These sovereigns ever took!

¡La próxima vez, entretenerse,
Mientras pasan sigilosas las Épocas –
Lentos vagan los Siglos,
Y los Cielos giran!

166

¡Me encontré con un Rey esta tarde!
Y no llevaba, empero, la Corona,
Un pequeño Sombrero de Palma era todo,
¡Pero me temo que andaba descalzo!

Pero estoy segura de que llevaba Armiño
Bajo el azul de su descolorida Chaqueta –
Y estoy segura de que llevaba la cimera
¡También en el bolsillo de aquella Chaqueta!

¡Demasiado majestuoso para un Conde –
Un Marqués no andaría tan grandioso!
¡Quizá era un Zar pequeño –
Un Papa, o algo así!

Si queréis que os diga, de un Caballo
Mi pecoso Monarca sostenía la rienda –
Sin duda un Animal estimable
¡Pero nada dispuesto a correr!

¡Y vaya un coche! ¡Mientra viva
Me atrevo a decir que no veré
Otro vehículo tal
Como el que entonces me llevó!

¡Otros dos Príncipes andrajosos
Compartían su reino!
¡Sin duda la primera excursión
Que estos soberanos nunca hicieran!

I question if the Royal Coach
Round which the Footmen wait
Has the significance, on high,
Of this Barefoot Estate!

c. 1860   *1893*

170

Portraits are to daily faces
As an Evening West,
To a fine, pedantic sunshine –
In a satin Vest!

c. 1860   *1891*

173

A fuzzy fellow, without feet,
Yet doth exceeding run!
Of velvet, is his Countenance,
And his Complexion, dun!

Sometime, he dwelleth in the grass!
Sometime, upon a bough,
From which he doth descend in plush
Upon the Passer-by!

All this in summer.
But when winds alarm the Forest Folk,
He taketh *Damask* Residence –
And struts in sewing silk!

Then, finer than a Lady,
Emerges in the spring!
A Feather on each shoulder!
You'd scarce recognize him!

Me pregunto si la Carroza Real
Rodeada de Lacayos
Tiene la importancia, desde lo alto,
¡De esta Hacienda Descalza!

170

¡Son los retratos a los rostros cotidianos,
Como una Tarde de Poniente
A una pedante y agradable luz del sol –
Con Chaleco de raso!

173

Un tipo peludo, sin pies,
¡Y sin embargo corre mucho!
¡De terciopelo es su Semblante,
Y su Cutis es pardo!

¡Habita a veces en la hierba!
En una rama, a veces
Desde la que desciende todo felpa
Sobre el que pasa!

Todo esto es en verano.
Pero cuando los vientos a las Gentes del Bosque alarman,
Toma la Residencia de *Damasco* –
¡Y se deleita cosiendo la seda!

¡Luego, más delicado que una Dama,
Emerge en primavera!
¡Con una Pluma en cada hombro!
¡Apenas lo reconoceríais!

By Men, yclept Caterpillar!
By me! But who am I,
To tell the pretty secret
Of the Butterfly!

c. 1860   1929

175

I have never seen «Volcanoes» –
But, when Travellers tell
How those old – phlegmatic mountains
Usually so still –

Bear whitin – appalling Ordnance,
Fire, and smoke, and gun,
Taking Villages for breakfast,
And appalling Men –

If the stillness is Volcanic
In the human face
When upon a pain Titanic
Features keep their place –

If at length the smouldering anguish
Will not overcome –
And the palpitating Vineyard
In the dust, be thrown?

If some loving Antiquary,
On Resumption Morn,
Will not cry with joy «Pompeii»!
To the Hills return!

c. 1860   1945

¡Los Hombres lo llaman Gusano!
¡Y yo! Mas ¡quién soy yo,
Para contar el hermoso secreto
De la Mariposa!

175

Nunca he visto «Volcanes» –
Mas cuando los Viajeros cuentan
Cómo esas viejas – flemáticas montañas
Normalmente tan quietas –

Guardan dentro – espantoso Decreto,
Fuego, estampido y humo,
Desayunándose con Pueblos
Y horrorizados Hombres –

¿Es la quietud Volcánica
En el humano rostro,
Cuando el dolor Titánico
Las facciones se quedan en su sitio –

Acaso a la larga la angustia latente
No vencerá –
Y la Viña palpitante
No será arrojada al polvo?

O algún amable Anticuario
En la Mañana de la Reasunción,
No gritará con júbilo ¡«Pompeya»!
¡Retorna a las Colinas!

181

I lost a World – the other day!
Has Anybody found?
You'll know it by the Row of Stars
Around its forehead bound.

A Rich man – might not notice it –
Yet – to my frugal Eye,
Of more Esteem than Ducats –
Oh find it – Sir – for me!

c. 1860   *1890*

182

If I shouldn't be alive
When the Robins come,
Give the one in Red Cravat,
A Memorial crumb.

If I couldn't thank you,
Being fast asleep,
You will know I'm trying
With my Granite lip!

c. 1860   *1890*

185

«Faith» is a fine invention
When Gentlemen can *see* –
But *Microscopes* are prudent
In an Emergency.

c. 1860   *1891*

181

¡Perdí un Mundo – el otro día!
¿Alguien lo ha encontrado?
Lo conoceréis por la Hilera de Estrellas
A su frente ceñida.

Un Rico – podría no fijarse –
Mas – para mi Ojo frugal,
De más Valor que los Ducados –
¡Oh – Señor – encontradlo para mí!

182

Si no estuviera viva
Cuando los Petirrojos vuelvan,
Al de la Corbata Roja,
Dadle una miga en Recuerdo.

Si no os diera las gracias,
Por estar tan dormida,
Notaréis que lo intento
¡Con mi labio Granito!

185

Estupenda invención la de la «Fe»
Cuando los Caballeros *ven* –
Mas son de aconsejar los *Microscopios*
En caso de Emergencia.

How many times these low feet staggered –
Only the soldered mouth can tell –
Try – can you stir the awful rivet –
Try – can you lift the hasps of steel!

Stroke the cool forehead – hot so often –
Lift – if you care – the listless hair –
Handle the adamantine fingers
Never a thimble – more – shall wear –

Buzz the dull flies – on the chamber window –
Brave – shines the sun through the freckled pane –
Fearless – the cobweb swings from the ceiling –
Indolent Housewife – in Daisies – lain!

c. 1860   1890

189

It's such a little thing to weep –
So short a thing to sigh –
And yet – by Trades – the size of *these*
We men and women die!

c. 1860   1896

193

I shall know why – when Time is over –
And I have ceased to wonder why –
Christ will explain each separate anguish
In the fair schoolroom of the sky –

He will tell me what «Peter» promised –
And I – for wonder at his woe –
I shall forget the drop of Anguish
That scalds me now – that scalds me now!

c. 1860   1890

Cuántas veces mis pies han vacilado –
Sólo boca sellada lo diría –
Inténtalo – quita el remache horrible –
¡Inténtalo – levanta los cierres de acero!

Acaricia la frente fría – tantas veces ardiente –
Levanta – si lo quieres – el lánguido cabello –
Toca sus dedos de adamante
No llevarán ya más – nunca – un dedal –

Zumban monótonas las moscas – del cuarto en la ventana
Radiante – brilla el sol tras el cristal moteado –
Audaz – la telaraña se columpia del techo –
¡Indolente Señora – entre las Margaritas – olvidada!

Es tan poquita cosa llorar –
Algo tan breve suspirar –
¡Y sin embargo – por Negocios – del tamaño de *éstos*
Morimos hombres y mujeres!

Sabré por qué – cuando se acabe el Tiempo –
Y haya dejado de hacerme preguntas –
Cristo me explicará, por separado, las angustias
En la agradable aula del cielo –

Me dirá lo que «Pedro» prometió –
Y yo – de su dolor maravillada –
Olvidaré la gota de la Angustia
¡Que ahora me abrasa – que me escalda ahora!

I'm «wife» – I've finished that –
That other state –
I'm Czar – I'm «Woman» now –
It's safer so –

How odd the Girl's life looks
Behind this soft Eclipse –
I think that Earth feels so
To folks in Heaven – now –

This being comfort – then
That other kind – was pain –
But why compare?
I'm «Wife»! Stop there!

c. 1860   *1890*

200

I stole them from a Bee –
Because – Thee –
Sweet plea –
He pardoned me!

c. 1860   *1894*

202

My Eye is fuller than my vase –
Her Cargo – is of Dew –
And still – my Heart – my Eye outweighs –
East India – for you!

c. 1860   *1945*

199

Soy «Esposa» – ya he terminado –
Ese otro estado –
Soy Zar – ahora soy «Mujer» –
Es más seguro así –

Qué rara parece la vida de la Muchacha
Tras este suave Eclipse –
Creo que la Tierra siente lo mismo
Hacia las Gentes del Cielo – ahora –

Si esto es consuelo – entonces
Era dolor – lo otro –
Mas ¿por qué comparar?
¡Soy «Esposa»! ¡Y basta!

200

Se los robé a una Abeja –
Por – Ti –
Dulce pretexto –
¡Ella me perdonó!

202

Mi Ojo está más lleno que mi jarrón –
Su Carga – es de Rocío –
¡Y sin embargo – mi Corazón – pesa más que mi Ojo
India Oriental – para ti!

Come slowly – Eden!
Lips unused to Thee –
Bashful – sip thy Jessamines –
As the fainting Bee –

Reaching late his flower,
Round her chamber hums –
Counts his nectars –
Enters – and is lost in Balms.

c. 1860   *1890*

212

Least Rivers – docile to some sea.
My Caspian – thee.

c. 1860   *1945*

214

I taste a liquor never brewed –
From Tankards scooped in Pearl –
Not all the Vats upon the Rhine
Yield such an Alcohol!

Inebriate of Air – am I –
And Debauchee of Dew –
Reeling – thro endless summer days –
From inns of Molten Blue –

When «Landlords» turn the drunken Bee
Out of the Foxglove's door. –

¡Ven lentamente – Edén!
Labios a Ti no acostumbrados –
Tímidos – beben tus Jazmines –
Como lánguida Abeja –

Que al alcanzar al fin su flor,
En torno a su aposento zumba –
Cuenta sus néctares –
Entra – y entre los Bálsamos se pierde –

212

Los más mínimos Ríos – dóciles a algún mar.
Mi Caspio – a ti*.

214

Un licor he probado que no ha sido –
En Picheles de Perla destilado –
¡Ni las Cubas del Rhin
Dan semejante Alcohol!

Ebria de Aire –
Crápula de Rocío –
En los días de estío interminables –
En posadas de Azul Fundido – me devano –

Cuando el «Patrón» a la borracha Abeja
Del umbral de los Pétalos* arroje –

---

* La poetisa utiliza el pronombre personal «thee», en caso oblicuo, y sin pre-
posición, lo cual produce cierta ambigüedad en la interpretación del verso. (N.
del T.)

* *Foxglove* (v. 10), traducido por «Pétalos» por cuestión de ritmo, es una

When Butterflies – renounce their «drams» –
I shall but drink the more!

Till Seraphs swing their snowy Hats –
And Saints – to windows run –
To see the little Tippler
Leaning against the – Sun –

c. 1860   *1861*

216

Safe in their Alabaster Chambers –
Untouched by Morning
And untouched by Noon –
Sleep the meek members of the Resurrection –
Rafter of satin,
And Roof of stone.

Light laughs the breeze
In her Castle above them –
Babbles the Bee in a stolid Ear,
Pipe the Sweet Birds in ignorant cadence –
Ah, what sagacity perished here!

version of 1859   *1862*

228

Blazing in Gold and quenching in Purple
Leaping like Leopards to the Sky
Then at the feet of the old Horizon

Cuando las Mariposas – a sus «tragos» renuncien –
¡No haré sino seguir bebiendo!

Hasta que los Serafines agiten sus nevados Sombreros –
Y los Santos – corran a las ventanas –
A contemplar a la pequeña Beoda
Acodada en el – Sol –

216
(Versión de 1859)

A salvo en sus Alabastrinos Aposentos –
De la Mañana intactos
Del Mediodía intactos –
Duermen los mansos miembros de la Resurrección –
Costanera de raso,
Techo de piedra.

Leve ríe la brisa
En su Castillo de lo alto –
Balbucea la Abeja al insensible Oído,
Silban los Dulces Pájaros ignoradas cadencias –
¡Ah, cuánta sagacidad aquí perece!

228

Resplandeciendo en Oro y apagándose en Púrpura
Brincando al Cielo cual Leopardos
Y luego a los pies del viejo Horizonte

---

planta frecuente, cuyas terminaciones de flores tubulares, de color morado o blanco, y de forma digital, sugiere los dedos de un guante o dedal. En castellano se la conoce con los nombres de: calzones de zorra, chupamieles, dedalera, digital, gualdaperra y villoria. Su nombre latino es *Digitalis Purpúrea*.
El término *Foxglove* puede aludir también a su sentido de *(folk's glove)* y referirse a las hadas, los gnomos y la pequeña gente, en general. *(N. del T.)*

Laying her spotted Face to die
Stooping as low as the Otter's Window
Touching the Roof and tinting the Barn
Kissing her Bonnet to the Meadow
And the Juggler of Day is gone

c. 1861   *1864*

231

God permits industrious Angels –
Afternoons – to play –
I met one – forgot my Schoolmates –
All – for Him – straightway –

God calls home – the Angels – promptly –
At the Setting Sun –
I missed mine – how *dreary* – *Marbles* –
After playing *Crown!*

c. 1861   *1890*

241

I like a look of Agony,
Because I know it's true –
Men do not sham Convulsion,
Nor simulate, a Throe –

The Eyes glaze once – and that is Death –
Impossible to feign
The Beads upon the Forehead
By homely Anguish strung.

c. 1861   *1890*

Recostando su Cara moteada para morir
Inclinándose al nivel de la Ventana de la Nutria
Tocando el Tejado y tiñendo el Granero
Besándole su Gorro a la Pradera
Y el Malabarista del Día se ha esfumado.

231

Dios permite a los Ángeles aplicados –
Que jueguen – por las Tardes –
Yo me encontré con uno – olvidé a mis Amigos –
A todos – por Él – al momento –

Dios Les dice – que vuelvan a casa – puntualmente –
A la Puesta del Sol –
Añoro al mío – ¡qué *aburridos* – los *Mármoles* –
Después de haber jugado a la *Corona!*

241

Me gusta un aspecto de Agonía,
Porque sé que es verdad –
Los Hombres no fingen Convulsiones,
Ni simulan Estertores –

Los Ojos se vidrian una vez – y eso es la Muerte –
Es imposible aparentar
Las cuentas de la Frente
Por la Angustia doméstica ensartadas.

Forever at His side to walk –
The smaller of the two!
Brain of His Brain –
Blood of His Blood –
Two lives – One Being – now –

Forever of His fate to taste –
If grief – the largest part –
If joy – to put my piece away
For that beloved Heart –

All life – to know each other –
Whom we can never learn –
And bye and bye – a Change –
Called Heaven –
Rapt Neighborhoods of Men –
Just finding out – what puzzled us –
Without the lexicon!

c. 1861   1929

249

Wild Nights – Wild Nights!
Were I with thee
Wild Nights should be
Our luxury!

Futile – the – Winds –
To a Heart in port –
Done with the Compass –
Done with the Chart!

Rowing in Eden –
Ah, the Sea!
Might I but moor – Tonight –
In Thee!

c. 1861   1891

¡Caminar para siempre a Su lado –
La más pequeña de los dos!
Cerebro de Su Cerebro –
Sangre de Su Sangre –
Dos vidas – Un sólo Ser – ahora –

Para siempre probar de Su destino –
Si dolor – la mayor parte –
Si placer – apartar mi porción
Para ese Corazón amado –

Toda la vida – para conocernos –
A quien nunca podemos aprender –
Dentro de poco – un Cambio –
Llamado Cielo –
¡Absortos Vecindarios de Hombres –
Descubriendo – lo que nos asombraba –
Sin el diccionario!

249

¡Salvajes Noches – Noches Salvajes!
Estuviera yo contigo
Noches Salvajes serían
¡Nuestro gozo!

Vanos – los Vientos –
Al Corazón en puerto –
A la Brújula hecho –
¡Por la Carta medido!

En el Edén remando –
¡Ah, el Mar!
Pudiera yo amarrar – Esta Noche –
¡En Ti!

251

Over the fence –
Strawberries – grow –
Over the fence –
I could climb – if I tried, I know –
Berries are nice!

But – if I stained my Apron –
God would certainly scold!
Oh, dear, – I guess if He were a Boy –
He'd – climb – if He could!

c. 1861 1945

254

«Hope» is the thing with feathers –
That perches in the soul –
And sings the tune without the words –
And never stops – at all –

And sweetest – in the Gale – is heard –
And sore must be the storm –
That could abash the little Bird
That kept so many warm –

I've heard it in the chillest land –
And on the strangest Sea –
Yet, never, in Extremity,
It asked a crumb – of Me.

c. 1861 1891

255

To die – takes just a little while –
They say it doesn't hurt –
It's only fainter – by degrees –
And then – it's out of sight –

251

Al otro lado de la cerca –
Crecen – fresas –
Al otro lado de la cerca –
Sé que podría saltar – si lo intentara –
¡Las fresas son tan buenas!

Pero – si me manchara el Delantal –
¡Dios me reprendería!
¡Oh, querido, – creo que si Él fuera Niño –
Saltaría – si pudiera!

254

«Esperanza» es la cosa con plumas –
Que se posa en el alma –
Canta la melodía sin palabras –
Y no se para – nunca –

La más dulce – que en la Galerna – se oye –
Y áspera la tormenta debe ser –
Que abatir pueda al Pajarillo
Que dio calor a tantos –

En la más fría tierra la he oído –
Y en el Mar más ajeno –
Aunque, nunca, en Apuros,
Me ha pedido una miga.

255

Morir – lleva poquito tiempo –
Y dicen que no duele –
Tan sólo es desmayarse – por etapas –
Y luego – queda fuera de la vista –

A darker Ribbon – for a Day –
A Crape upon the Hat –
And then the pretty sunshine comes –
And helps us to forget –

The absent – mystic – creature –
That but for love of us –
Had gone to sleep – that soundest time –
Without the weariness –

c. 1861   1935

258

There's a certain Slant of light,
Winter Afternoons –
That oppresses, like the Heft
Of Cathedral Tunes –

Heavenly Hurt, it gives us –
We can find no scar,
But internal difference,
Where the Meanings, are –

None may teach it – Any –
'Tis the Seal Despair –
An imperial affliction
Sent us of the Air –

When it comes, the Landscape listens –
Shadows – hold their breath –
When it goes, 'tis like the Distance
On the look of Death –

c. 1861   1890

Un Lazo más oscuro – por un Día –
Crespón en el Sombrero –
Luego viene la hermosa luz del sol –
Y nos ayuda a que olvidemos –

La criatura – mística – y ausente –
Que si no nos hubiera amado tanto –
Se habría ido a dormir – aquella vez segura –
Sin el abatimiento –

258

Hay un Sesgo de luz,
En las Tardes de Invierno –
Que oprime como el Peso
De los Cantos de Iglesia –

Y Celestial Herida nos inflige –
No deja cicatriz,
Sino una diferencia interna,
Donde el Significado yace –

Nadie puede enseñarlo – Nadie –
Es Desesperación Sellada –
Aflicción imperial
Que del Aire nos llega –

Cuando viene, el Paisaje lo escucha –
Las Sombras – el aliento contienen –
Cuando parte, es como la Distancia
En la mirada de la Muerte –

265

Where Ships of Purple – gently toss –
On Seas of Daffodil –
Fantastic Sailors – mingle –
And then – the Wharf is still!

c. 1861   *1891*

271

A solemn thing – it was – I said –
A woman – white – to be –
And wear – if God should count me fit –
Her blameless mystery –

A hallowed thing – to drop a life
Into the purple well –
Too plummetless – that it return –
Eternity – until –

I pondered how the bliss would look –
And would it feel as big –
When I could take it in my hand –
As hovering – seen – through fog –

And then – the size of this «small» life –
The Sages – call it small –
Swelled – like Horizons – in my vest –
And I sneered – softly – «small»!

c. 1861   *1896*

280

I felt a Funeral, in my Brain,
And Mourners to and fro
Kept treading – treading – till it seemed
That Sense was breaking through –

Donde Barcos de Púrpura – ondean suavemente –
En Mares de Narciso –
Marineros Fantásticos – se mezclan –
Y luego – el Muelle permanece inmóvil.

271

Una cosa solemne – era – dije –
Una mujer – de blanco –
Y llevar – si Dios me considera digna –
Su misterio intachable –

Una cosa sagrada – dejar caer una vida
En el pozo de púrpura –
Tan ingrávida – que vuelve –
Eternidad – hasta que –

Ponderé cuál sería de la dicha el aspecto –
Y si seguiría pareciéndome tan grande –
Cuando la tuviera entre las manos –
En lo alto – vista – a través de la niebla –

Luego – el tamaño de esta «pequeña» vida –
Los Sabios – la llaman pequeña –
Creció – como Horizontes – en mi veste –
Y – con delicadeza – me sonreí – ¡«pequeña»!

280

Sentía un Funeral, en mi Cerebro,
Los Enlutados iban y venían
Sin parar – hasta que pareció
Que se abría camino el Sentido –

And when they all were seated,
A Service, like a Drum –
Kept beating – beating – till I thought
My Mind was going numb –

And then I heard them lift a Box
And creak across my Soul
With those same Boots of Lead, again,
Then Space – began to toll,

As all the Heavens were a Bell,
And Being, but an Ear,
And I, and Silence, some strange Race
Wrecked, solitary, here –

And then a Plank in Reason, broke,
And I dropped down, and down –
And hit a World, at every plunge,
And Finished knowing – then –

c. 1861   1896

285

The Robin's my Criterion for Tune –
Because I grow – where Robins do –
But, were I Cuckoo born –
I'd swear by him –
The ode familiar – rules the Noon –
The Buttercup's, my Whim for Bloom –
Because, we're Orchard sprung –
But, were I Britain born,
I'd Daisies spurn –
None but the Nut – October fit –
Because, through dropping it,
The Seasons flit – I'm taught –

Cuando todos estuvieron sentados,
El Servicio, lo mismo que un Tambor –
Redobla que redobla – y yo pensé
Que mi Mente se estaba entumeciendo –

Y les oí después alzar la Caja
Y su chirrido atravesó mi Alma
Con sus Botas de Plomo, nuevamente,
Luego el Espacio – comenzó a doblar,

Cual si los Cielos fueran la Campana,
Y el Ser, sólo un Oído,
Y yo y el Silencio, alguna extraña Raza
Naufragada, solitaria, aquí –

Y luego se le quebró una Tabla a la Razón,
Y me caía más y más abajo –
Y en cada golpe, me daba contra un Mundo,
Y Dejé de saber* – entonces –

285

El Petirrojo es mi Criterio para la Melodía –
Porque yo me he criado – donde los Petirrojos –
Pero si hubiera sido un Cuco –
En él confiaría plenamente –
La oda familiar – gobierna el Mediodía –
El Botón de Oro es mi Capricho de la Floración –
Pues nosotros, brotamos en el Huerto –
Mas si hubiera nacido yo Británica,
Desdeñaría las Margaritas –
Sólo la Nuez – es adecuada para Octubre –
Porque al caer,
Las Estaciones vuelan – me enseñaron –

---

* *Finished knowing* (v. 20) mantiene la ambigüedad de la expresión, con su doble valor de «terminar por saber» y «dejar de saber». *(N. del T.)*

Without the Snow's Tableau
Winter, were lie – to me –
Because I see – New Englandly –
The Queen, discerns like me –
Provincially –

c. 1861   1929

287

A Clock stopped –
Not the Mantel's –
Geneva's farthest skill
Can't put the puppet bowing –
That just now dangled still –

An awe came on the Trinket!
The Figures hunched, with pain –
Then quivered out of Decimals –
Into Degreeless Noon –

It will not stir for Doctors –
This Pendulum of snow –
This Shopman importunes it –
While cool – concernless No –

Nods from the Gilded pointers –
Nods from the Seconds slim –
Decades of Arrogance between
The Dial Life –
And Him –

c. 1861   1896

288

I'm Nobody! Who are you?
Are you – Nobody – Too?
Then there's a pair of us?
Don't tell! they'd advertise – you know!

Sin el Cuadro de Nieve
El invierno sería mentira – para mí –
Porque yo veo – Nueva Inglaterramente –
La Reina como yo percibe –
De una manera Provinciana –

287

Un Reloj se paró –
No el de la Chimenea –
La precisa pericia de Ginebra
No devuelve al muñeco el movimiento –
Que inanimado pende ahora –

¡Un terror sobrevino al Artilugio!
Las Cifras se encorvaron de dolor –
Saltaron luego de los Decimales –
Al Mediodía sin grados –

No se conmoverá ante los Doctores –
El Péndulo de nieve –
Este Tendero lo importuna –
Mientras él frío – que no ausente –

Cabeceos de las Doradas manecillas –
Cabeceos de los esbeltos Segundos –
Décadas de Arrogancia se interponen
Entre el Cuadrante de la vida –
Y Él –

288

¡Yo no soy Nadie! ¿Quién eres tú?
¿Eres – Nadie – También?
¿Ya somos dos entonces?
¡Ni una palabra! ¡Lo pregonarían, ya sabes!

How dreary – to be – Somebody!
How public – like a Frog –
To tell one's name – the livelong June –
To an admiring Bog!

c. 1861   1891

290

Of Bronze – and Blaze –
The North – Tonight –
So adequate – it forms –
So preconcerted with itself –
So distant – to alarms –
An Unconcern so sovereign
To Universe, or me –
Infects my simple spirit
With Taints of Majesty –
Till I take vaster attitudes –
And strut upon my stem –
Disdaining Men, and Oxygen,
For Arrogance of them –

My Splendors, are Menagerie –
But their Competeless Show
Will entertain the Centuries
When I, am long ago,
An Island in dishonored Grass –
Whom none but Beetles – know.

c. 1861   1896

297

It's like the Light –
A fashionless Delight –
It's like the Bee –
A dateless – Melody –

Ser – Alguien – ¡Qué aburrido!
Como una Rana – ¡Qué vulgar! –
Pasarte Junio entero diciéndole tu nombre –
¡A la primera Charca que te admire!

290

De Bronce – y Fuego –
El Norte – esta Noche –
Tan adecuadamente – se sustenta –
Tan concertado con sí mismo –
Tan distante – a la alarma –
La soberana Indiferencia
A mí o al Universo –
Infecta mi sencillo espíritu
Con Tintes de Grandeza
Hasta que adopto actitudes más vastas –
Y contonéome sobre mi tallo –
Desdeñando a los Hombres y al Oxígeno,
Por su Arrogancia –

Mis Esplendores son Domésticos –
Mas su Espectáculo Simpar
Deleitará a los Siglos
Cuando yo me haya ido,
Una Isla de Hierba deshonrada –
De Escarabajos sólo – conocida.

297

Es como la Luz –
Un Placer no sujeto a la moda –
Es como la Abeja –
Melodía – sin fecha –

It's like the Woods –
Private – Like the Breeze –
Phraseless – yet it stirs
The proudest Trees –

It's like the Morning –
Best when it's done –
And the Everlasting Clocks –
Chime – Noon!

c. 1861   1896

298

Alone, I cannot be –
For Hosts – do visit me –
Recordless Company –
Who baffle Key –

They have no Robes, nor Names –
No Almanacs – nor Climes –
But general Homes
Like Gnomes –

Their Coming, may be known
By Couriers within –
Their going – is not –
For they're never gone –

c. 1861   1932

300

«Morning» – means «Milking» – to the Farmer –
Dawn – to the Teneriffe –
Dice – to the Maid –
Morning means just Risk – to the Lover –
Just revelation – to the Beloved –

Es como los Bosques –
Privado – Como la Brisa –
Sin palabras – aunque mece
Los más soberbios Árboles –

Es como la Mañana –
Mejor – cuando se ha ido –
¡Los Eternos Relojes –
Repican – Mediodía!

298

Sola no puedo estar –
Pues Multitudes – me visitan –
Innumerable Compañía –
Que a la Llave confunde –

No tienen Vestiduras, ni Nombres –
Ni Almanaques – ni Climas –
Sino Casas abiertas
Cual los Gnomos –

Quizá conozcan su Llegada
Los Correos de dentro –
Pero no – su partida –
Porque nunca se van –

300

«Mañana» – significa «Ordeñar» – para el Granjero –
Aurora – para el Tenerife –
Dados – para la Doncella –
Mañana sólo Riesgo – para el Amante –
Revelación – para el Amado –

Epicures – date a Breakfast – by it –
Brides – an Apocalypse –
Worlds – a Flood –
Faint-going Lives – Their Lapse from Sighing –
Faith – The Experiment of Our Lord –

c. 1862   *1914*

303

The Soul selects her own Society –
Then – shuts the Door –
To her divine Majority –
Present no more –

Unmoved – she notes the Chariots – pausing –
At her low Gate –
Unmoved – an Emperor be kneeling
Upon her Mat –

I've known her – from an ample nation –
Choose One –
Then – close the Valves of her attention –
Like Stone –

c. 1862   *1890*

305

The difference between Despair
And Fear – is like the One
Between the instant of a Wreck –
And when the Wreck has been –

The Mind is smooth – no Motion –
Contented as the Eye
Upon the Forehead of a Bust –
That knows – it cannot see –

c. 1862   *1914*

Fijan los Epicúreos – el Almuerzo – por ella –
Las Novias – un Apocalipsis
Los Mundos – un Diluvio –
Vidas que languidecen – Su Lapso entre Suspiros –
La Fe – El Experimento de Nuestro Señor –

303

Su propia Compañía el Alma escoge –
Luego – cierra la Puerta –
A su divina Mayoría –
Y no aparece más –

Impasible – advierte las Carrozas – que se detienen –
Ante su Verja –
Impasible – de hinojos un Emperador
Sobre su Estera –

He sabido que – de un ámbito extenso –
Elige Una –
Luego – de su atención cierra las Valvas –
Como la Losa –

305

La diferencia entre la Desesperación
y el Miedo – es como Aquélla
Entre el instante de un Naufragio –
Y cuando ya el Naufragio se ha pasado –

La Mente es suave – y sin Movimiento –
Contenta como el Ojo
De la Frente de un Busto –
Que sabe – y que no ve –

The One who could repeat the Summer day –
Were greater than itself – though He
Minutest of Mankind should be –

And He – could reproduce the Sun –
At period of going down –
The Lingering – and the Stain – I mean –

When Orient have been outgrown –
And Occident – become Unknown –
His Name – remain –

c. 1862   *1891*

320

We play at Paste –
Till qualified, for Pearl –
Then, drop the Paste –
And deem ourself a fool –

The Shapes – though – were similar –
And our new Hands
Learned *Gem*-Tactics –
Practicing *Sands* –

c. 1862   *1891*

324

Some keep the Sabbath going to Church –
I keep it, staying at Home –
With a Bobolink for a Chorister –
And an Orchard, for a Dome –

Quien repetir pudiera el día de Verano –
Mayor sería él que el día mismo – aunque fuera
El más diminuto de la Especie Humana –

Y – podría reproducir el Sol –
Cuando se está poniendo –
La Suspensión – y su Color – quiero decir –

Cuando el Oriente está ya envejecido –
Y Occidente – en un Desconocido se convierte –
Su Nombre – permanece –

Jugamos a la Bisutería –
Hasta que somos competentes con la Perla –
Luego dejamos la Bisutería –
Y nos consideramos unos locos –

Las formas – sin embargo – eran similares –
Y nuestras nuevas Manos
Aprendieron las Tácticas-de-*Gema* –
Manipulando *Arenas* –

Algunos guardan el Domingo yendo a la Iglesia –
Yo lo guardo en mi Casa –
Con un Jilguero* en vez de Coro –
Y por Cúpula un Huerto –

---

* *Bobolink* (v. 3) es un pájaro americano, cantor y migratorio, que no existe en Europa. Su nombre en inglés es onomatopéyico y recuerda el sonido que emite cuando canta. Su nombre latino es *Dolichonyx Oryzivorus. (N. del T.)*

Some keep the Sabbath in Surplice –
I just wear my Wings –
And instead of tolling the Bell, for Church,
Our little Sexton – sings.

God preaches, a noted Clergyman –
And the sermon is never long,
So instead of getting to Heaven, at last –
I'm going, all along.

c. 1860   1864

328

A Bird came down the Walk –
He did not know I saw –
He bit an Angleworm in halves
And ate the fellow, raw,

And then he drank a Dew
From a convenient Grass –
And then hopped sidewise to the Wall
To let a Beetle pass –

He glanced with rapid eyes
That hurried all around –
They looked like frightened Beads, I thought –
He stirred his Velvet Head

Like one in danger, Cautious,
I offered him a Crumb
And he unrolled his feathers
And rowed him softer home –

Than Oars divide the Ocean,
Too silver for a seam –
Or Butterflies, off Banks of Noon
Leap, plashless as they swim.

c. 1862   1891

Algunos pasan el Domingo con la Sobrepelliz –
Yo sólo con mis Alas –
Y en lugar de tocar las Campanas a Misa,
Nuestro Sacristanillo – canta.

Dios predica, notable Sacerdote –
Y el sermón nunca es largo,
Así, en lugar de ir al Cielo al final –
Me voy desde el principio.

328

Por el Camino un Pájaro bajaba –
No vio que yo le había visto –
Partió un Gusano en dos
Y crudo al tipo se comió.

Luego bebió Rocío
De la cercana Hierba –
Y brincó después de lado hacia el Muro
Para dejar pasar a un Escarabajo –

Miró con ojos rápidos
Que en rededor se apresuraban –
Parecían Abalorios asustados, pensé –
Su Cabeza movió de Terciopelo

Como quien está en peligro, Cauteloso,
Yo le ofrecí una Miga
Y desplegó sus plumas
Y bogó a casa más lentamente –

De lo que los Remos hienden el Océano,
Demasiado plata para una sutura –
O las Mariposas, por las Riberas del Mediodía
Saltan, nadando sin salpicar.

The Juggler's *Hat* her Country is –
The Mountain Gorse – the *Bee's!*

c. 1861   *1894*

333

The Grass so little has to do –
A Sphere of simple Green –
With only Butterflies to brood
And Bees to entertain –

And stir all day to pretty Tunes
The Breezes fetch along –
And hold the Sunshine in its lap
And bow to everything –

And thread the Dews, all night, like Pearls –
And make itself so fine
A Duchess were too common
For such a noticing –

And even when it dies – to pass
In Odors so divine –
Like Lowly spices, lain to sleep –
Or Spikenards, perishing –

And then, in Sovereing Barns to dwell –
And dream the Days away,
The Grass so little has to do
I wish I were a Hay –

c. 1862   *1890*

La *Chistera* del Mago es de ella el País –
La Aulaga de Montaña – ¡el de la *Abeja!*

Tiene la Hierba tan poco que hacer –
Una Esfera de sencillo Verde –
Con sólo Mariposas que criar
Y Abejas que atender –

Y balancearse todo el día con hermosas Canciones
Que las Brisas acercan –
Y sostener la Luz del Sol en su regazo
Y ante todas las cosas inclinarse –

Y pasarse la noche enhebrando Rocíos, como Perlas –
Y ponerse tan guapa
Que una Duquesa fuera demasiado corriente
Para una tal notoriedad –

E incluso cuando muere – irse
En Odores divinos –
Como Humildes especias, que se tienden –
O Nardos, marchitándose –

Y después, en Soberanos Silos habitar –
Y soñar con los Días ya lejanos,
Tiene la Hierba tan poco que hacer
Me encantaría ser una brizna de Heno –

'Tis not that Dying hurts us so –
'Tis Living – hurts us more –
But Dying – is a different way –
A Kind behind the Door –

The Southern Custom – of the Bird –
That ere the Frosts are due –
Accepts a better Latitude –
We – are the Birds – that stay.

The Shiverers round Farmers' doors –
For whose reluctant Crumb –
We stipulate – till pitying Snows
Persuade our Feathers Home.

c. 1862   *1945*

After great pain, a formal feeling comes –
The Nerves sit ceremonious, like Tombs –
The stiff Heart questions was it He, that bore,
And Yesterday, or Centuries before?

The Feet, mechanical, go round –
Of Ground, or Air, or Ought –
A Wooden way
Regardless grown,
A Quartz contentment, like a stone –

This is the Hour of Lead –
Remembered, if outlived,
As Freezing persons, recollect the Snow –
First – Chill – then Stupor – then the letting go –

c. 1862   *1929*

No es que Morir nos duela tanto –
Es el Vivir – lo que nos duele más –
Pero el Morir – es camino distinto –
Un Algo tras la Puerta –

La Costumbre Sureña – de los Pájaros –
Que antes de que lleguen las Heladas –
Aceptan más benignas Latitudes –
Nosotros – somos los Pájaros – que se quedan.

Los Ateridos ante las puertas del Granjero –
Por cuya cicatera Miga –
Negociamos – hasta que las piadosas Nieves
Convencen a nuestras Plumas de que vuelvan a Casa.

341

Tras el dolor, llega la sensación formal –
Y los Nervios se asientan ceremoniosos, como Tumbas –
El tenso Corazón pregunta, ¿Fue Él quien lo aguantó
Ayer, o hace ya Siglos?

Los Pies, mecánicos, dan vueltas –
En el Suelo, en el Aire, en el Vacío –
Camino de Madera
Crecido sin cuidado,
Un contento de Cuarzo, como piedra –

Es la Hora de Plomo –
Que se recuerda si se sobrevive,
Como los que se Hielan se acuerdan de la Nieve –
Primero – Frío – luego Estupor – luego el abandonarse –

It will be Summer – eventually.
Ladies – with parasols –
Sauntering Gentlemen – with Canes –
And little Girls – with Dolls –

Will tint the pallid landscape –
As 'twere a bright Bouquet –
Tho' drifted deep, in Parian –
The Village lies – today –

The Lilacs – bending many a year –
Will sway with purple load –
The Bees – will not despise the tune –
Their Forefathers – have hummed –

The Wild Rose – redden in the Bog –
The Aster – on the Hill
Her everlasting fashion – set –
And Covenant Gentians – frill –

Till Summer folds her miracle –
As Women – do – their Gown –
Or Priests – adjust the Symbols –
When Sacrament – is done –

c. 1862   1929

354

From Cocoon forth a Butterfly
As Lady from her Door
Emerged – a Summer Afternoon –
Repairing Everywhere –

Acabará siendo Verano.
Damas – con quitasoles –
Caballeros paseando – con Bastones –
Y Niñas – con Muñecas –

Darán color al pálido paisaje –
Como un brillante Ramo –
Aunque en el fondo de la Porcelana* –
Hoy – yace el Pueblo –

Las Lilas – tantos años inclinadas –
Se mecerán con su purpúrea carga –
Las Abejas – no despreciarán la música –
Que sus Antepasadas – han zumbado –

La Rosa Silvestre – enrojecida en el Pantano –
En la Colina – el Aster
Su eterno brillo – impone –
Y las Gencianas Pactan – sus adornos –

Hasta que el Verano pliega su milagro –
Como hace – la Mujer – con sus Vestidos –
O el Sacerdote – sus Símbolos ordena –
Cuando termina – el Sacramento –

354

Del Capullo emergió una Mariposa
Cual Dama de su Puerta
Una Tarde de Estío –
Yendo hacia todas partes –

---

* *Parian* (v. 7) es el nombre dado a una especie de porcelana, según la segunda acepción del *Oxford English Dictionary*. (*N. del T.*)

Without Desing – that I could trace
Except to stray abroad
On Miscellaneous Enterprise
The Clovers – understood –

Her pretty Parasol be seen
Contracting in a Field
Where Men made Hay –
Then struggling hard
With an opposing Cloud –

Where Parties – Phantom as Herself –
To Nowhere – seemed to go
In purposeless Circumference –
As 'twere a Tropic Show –

And notwithstanding Bee – that worked –
And Flower – that zealous blew –
This Audience of Idleness
Disdained them, from the Sky –

Till Sundown crept – a steady Tide –
And Men that made the Hay –
And Afternoon – and Butterfly –
Extinguished – in the Sea –

c. 1862   1891

363

I went to thank Her –
But She Slept –
Her Bed – a funneled Stone –
With Nosegays at the Head and Foot –
That Travellers – had thrown –

Who went to thank Her –
But She Slept –
'Twas Short – to cross the Sea –

Sin Propósito – que yo pudiera discernir
Salvo el de extraviarse
En Miscelánea Empresa
Que el Trébol – comprendía –

Su bonita Sombrilla se veía
Plegada sobre un Campo
Donde los Hombres preparaban Heno –
Y luego en dura pugna
Contra una Nube adversa –

Donde Grupos – Fantasmas como Ella –
Parecían ir – a Ningún sitio
En indecisa Circunferencia –
Como en un Espectáculo Tropical –

Y a pesar de la Abeja – que trabajaba –
Y de la Flor – que volaba con celo –
Esta Audiencia de Ocio
Los desdeñaba desde el Cielo –

Hasta que se deslizó el Ocaso – ascendente Marea –
Y los Hombres del Heno –
Y la Tarde – y aquella Mariposa –
En el Mar – se extinguieron –

363

Yo fui a darle las gracias –
Pero estaba Dormida –
Su Cama – abovedada Piedra –
Con Ramilletes a los Pies y a la Cabeza –
Que los Viajeros – habían dejado –

Los que fueron a darle las gracias –
Pero estaba Dormida –
Cruzar el Mar – fue Corto –

To look upon Her like − alive −
But turning back − 'twas slow −

c. 1862   1890

369

She lay as if at play
Her life had leaped away −
Intending to return −
But not so soon −

Her merry Arms, half dropt −
As if for lull of sport −
An instant had forgot −
The Trick to start −

Her dancing Eyes − ajar −
As if their Owner were
Still sparkling through
For fun − at you −

Her Morning at the door −
Devising, I am sure −
To force her sleep −
So light − so deep −

c. 1862   1935

371

A precious − mouldering pleasure − 'tis −
To meet an Antique Book −
In just the Dress his Century wore −
A privilege − I think −

His venerable Hand to take −
And warming in our own −
A passage back − or two − to make −
To Times when he − was young −

Para mirarla – viva –
Pero volver – fue lento –

369

Ella yacía como si jugara
La vida se le había alejado de un brinco –
Con ánimo de regresar –
Pero no tan temprano –

Sus alegres Brazos, medio caídos –
Como en el intervalo del deporte –
Por un momento habían olvidado –
El Truco para ponerse en marcha –

Sus danzarines Ojos – medio abiertos –
Como si el Propietario aún estuviera
Chispeando todavía para ti a través de ellos
Por diversión –

Su Mañana a la puerta –
Urdiendo, estoy segura –
Cómo forzar su sueño –
Tan ligero – y profundo –

371

Es preciado – placer – y decadente –
Hallar un Libro Antiguo –
Con el mismo Vestido que su Siglo llevaba –
Un privilegio – creo –

Coger su venerable Mano –
Y calentándola en la nuestra –
Un pasaje volver – atrás – o dos –
A los Tiempos en los que – él era joven –

His quaint opinions – to inspect –
His thought to ascertain
On Themes concern our mutual mind –
The Literature of Man –

What interested Scholars – most –
What Competitions ran –
When Plato – was a Certainty –
And Sophocles – a Man –

When Sappho – was a living Girl –
And Beatrice wore
The Gown that Dante – deified –
Facts Centuries before

He traverses – familiar –
As One should come to Town –
And tell you all your Dreams – were true –
He lived – where Dreams were born –

His presence is Enchantment –
You beg him not to go –
Old Volumes shake their Vellum Heads
And tantalize – just so –

c. 1862   *1890*

374

I went to Heaven –
'Twas a small Town –
Lit – with a Ruby –
Lathed – with Down –

Stiller – than the fields
At the full Dew –
Beautiful – as Pictures –
No Man drew.
People – like the Moth –

[144]

Examinar – sus singulares opiniones –
Para determinar su pensamiento
En Temas que conciernen a nuestra mutua mente –
La Literatura del Hombre –

Qué interesaba – más – al Erudito –
Qué Concursos había –
Cuando Platón – era una Certidumbre –
Y Sófocles – un Hombre –

Cuando Safo – era una Muchacha viva –
Y Beatriz llevaba
La Túnica que Dante – deificara –
Hechos de Siglos anteriores

Él los recorre – familiar –
Como Uno va al Pueblo –
Y te dice que todos tus Sueños – eran ciertos –
Él vivió – donde nacen los Sueños –

Encantamiento es su presencia –
Le ruegas que se quede –
Los Volúmenes Viejos agitan sus Cabezas de Vitela
Y así – nos tantalizan –

374

Fui al Cielo –
Y era un Pueblo –
Iluminado – por Rubíes –
Y forrado – de Plumas –

Más quieto – que los campos
En el pleno Rocío –
Hermoso – como Cuadros –
Que Nadie pintó nunca.
Gente – como la Mariposa –

Of Mechlin – frames –
Duties – of Gossamer –
And Eider – names –
Almost – contented –
I – could be –
'Mong such unique
Society –

c. 1862   1891

376

Of Course – I prayed –
And did God Care?
He cared as much as on the Air
A Bird – had stamped her foot –
And cried «Give Me» –
My Reason – Life –
I had not had – but for Yourself –
'Twere better Charity
To leave me in the Atom's Tomb –
Merry, and Nought, and gay, and numb –
Than this smart Misery.

c. 1862   1929

378

I saw no Way – The Heavens were stitched –
I felt the Columns close –
The Earth reserved her Hemispheres –
I touched the Universe –

And back it slid – and I alone –
A Speck upon a Ball –
Went out upon Circumference –
Beyond the Dip of Bell –

c. 1862   1935

[146]

De Encaje – bastidores –
Y Labores – de Gasa –
Y Eider – nombres –
Casi – contenta –
Podría – estar –
En tan selecta
Compañía –

376

Por Supuesto – rezaba –
¿Y le Importaba a Dios?
Se preocupaba tanto como si en el Aire
Un Pájaro – hubiera dejado su huella –
Gritando «Dame» –
Mi Razón – la Vida –
No la hubiera tenido – sino para Ti –
Mejor caridad fuera
En la Tumba del Átomo dejarme –
Alegre, Inexistente, divertida e inerte –
Que esta pulcra Miseria.

378

No veía el Camino – Los Cielos estaban cosidos –
Las Columnas cerradas –
La Tierra invirtió sus Hemisferios –
Yo toqué el Universo –

Se resbaló hacia atrás – y sola yo –
Un punto en una Bola –
Salí hacia la Circunferencia –
Allende el Hueco de Campana –

There's been a Death, in the Opposite House,
As lately as Today –
I know it, by the numb look
Such Houses have –alway –

The Neighbors rustle in and out –
The Doctor – drives away –
A Window opens like a Pod –
Abrupt – mechanically –

Somebody flings a Mattress out –
The Children hurry by –
They wonder if it died – on that –
I used to –when a Boy –

The Minister – goes stiffly in –
As if the House were His –
And He owned all the Mourners – now –
And little Boys – besides –

And then the Milliner – and the Man
Of the Appalling Trade –
To take the measure of the House –

There'll be that Dark Parade –

Of Tassels – and of Coaches – soon –
It's easy as a Sign –
The Intuition of the News –
In just a Country Town –

c. 1862   1896

It might be lonelier
Without the Loneliness –

Ha habido una Muerte en la Casa de Enfrente,
Hoy mismo –
Lo sé por el entumecido aspecto
Que tales Casas tienen – siempre –

Dentro y fuera el fru-frú de las Vecinas –
El Doctor – se abre paso –
Una Ventana se abre como Vaina –
Repentina – mecánica –

Alguien tira un Colchón –
Los Niños se apresuran –
Se preguntan si murió – sobre aquello –
Yo solía – de Niño –

El Cura – entra tan tieso –
Como si aquella Casa fuera Suya –
Y poseyera – ahora – a todos los Dolientes –
Y – además – a los Niños –

Y luego el Sombrerero – y luego el Hombre
Del Espantoso Oficio –
Para tomar medidas de la Casa –

Luego vendrá el Oscuro Cortejo –

De Borlas – y Carrozas – pronto –
Fácil como una Seña –
La Intuición de Noticias –
En simplemente un Pueblo –

Podría estar más sola
Sin la Soledad –

I'm so accustomed to my Fate –
Perhaps the Other – Peace –

Would interrupt the Dark –
And crowd the little Room –
Too scant – by Cubits – to contain
The Sacrament – of Him –

I am not used to Hope –
It might intrude upon –
Its sweet parade – blaspheme the place –
Ordained to Suffering –

It might be easier
To fail – with Land in Sight –
Than gain – My Blue Peninsula –
To perish – of Delight –

c. 1862   1935

411

The Color of the Grave is Green –
The Outer Grave – I mean –
You would not know it from the Field –
Except it own a Stone –

To help the fond – to find it –
Too infinite asleep
To stop and tell them where it is –
But just a Daisy – deep –

The Color of the Grave is white –
The outer Grave – I mean –
You would not know it from the Drifts –
In Winter – till the Sun –

Has furrowed out the Aisles –
Then – higher than the Land

Tan habituada estoy a mi Destino –
Que quizá la Otra – la Paz –

La Oscuridad interrumpiera –
Y llenara la pequeña Habitación –
Demasiado escasa – en volumen – para contener
El Sacramento – de Él –

No estoy acostumbrada a la Esperanza –
Podría introducir –
Su agradable desfile – profanar el lugar –
Dispuesto para el Sufrimiento –

Podría ser más fácil
Fracasar – con la Tierra a la Vista –
Que alcanzar – Mi Península Azul –
Perecer – de Placer –

411

El Color de la Tumba es Verde –
La Tumba Exterior – quiero decir –
No se distinguiría del resto del Campo –
A no ser porque tiene una Piedra –

Ayudar a los aficionados – a encontrarla –
Demasiado dormidos
Detenerse y decirles dónde está –
A sólo una Margarita – de profundidad –

El Color de la Tumba es blanco –
La Tumba exterior – quiero decir –
No se distinguiría de los Rápidos –
En Invierno – hasta que el Sol –

Ha surcado las Naves Laterales –
Luego – más altas que la Tierra

The little Dwelling Houses rise
Where each – has left a friend –

The Color of the Grave within –
The Duplicate – I mean –
Not all the Snows could make it white –
Not all the Summers – Green –

You've seen the Color – maybe –
Upon a Bonnet bound –
When that you met it with before –
The Ferret – cannot find –

1862   1935

414

'Twas like a Maelstrom, with a notch,
That nearer, every Day,
Kept narrowing its boiling Wheel
Until the Agony

Toyed coolly with the final inch
Of your delirious Hem –
And you dropt, lost,
When something broke –
And let you from a Dream –

As if a Goblin with a Gauge –
Kept measuring the Hours –
Until you felt your Second
Weigh, helpless, in his Paws –

And not a Sinew – stirred – could help,
And sense was setting numb –
When God – remembered – and the Fiend
Let go, then, Overcome –

As if your Sentence stood – pronounced –
And you were frozen led

Surgen las Residencias
Donde todos – han dejado algún amigo –

El Color de la Tumba por dentro –
Quiero decir – el Duplicado –
No bastarían todas las Nieves para blanquearla –
Ni todos los Veranos – para Verdecerla –

Acaso – hayas visto el Color –
Prendido en el Sombrero –
Cuando aquello con que lo combinaste antes –
El Hurón – no lo encuentra –

414

Era como un Remolino, con una muesca,
Que se acercaba cada Día
Estrechando su Rueda hirviente
Hasta que la Agonía

Jugaba fríamente con la última pulgada
De tu Bastilla delirante –
Y caíste, perdido,
Cuando algo se rompió –
Y te sacó del Sueño –

Como si un Duende con un Calibre –
Estuviese midiendo las Horas –
Hasta que notaste que tu Segundo
Impotente, pesaba, entre sus Garras –

Y ningún movimiento de Tendón – servía para nada,
Y el sentido se estaba entumeciendo –
Cuando Dios – recordó – y el Enemigo
Abandonó Vencido –

Como si tu Sentencia quedara – pronunciada –
Y congelado te llevaran

From Dungeon's luxury of Doubt
To Gibbets, and the Dead –

And when the Film had stitched your eyes
A Creature gasped «Reprieve»!
Which Anguish was the utterest – then –
To perish, or to live?

c. 1862   1945

429

The Moon is distant from the Sea –
And yet, with Amber Hands –
She leads Him – docile as a Boy –
Along appointed Sands –

He never misses a Degree –
Obedient to Her Eye
He comes just so far – toward the Town –
Just so far – goes away –

Oh, Signor, Thine, the Amber Hand –
And mine – the distant Sea –
Obedient to the least command
Thine eye impose on me –

c. 1862   1891

435

Much Madness is divinest Sense –
To a discerning Eye –
Much Sense – the starkest Madness –
'Tis the Majority
In this, as All, prevail –
Assent – and you are sane –
Demur – you're straightway dangerous –
And handled with a Chain –

c. 1862   1890

Desde el lujo de Duda de Mazmorra
Hacia las Horcas y los Muertos –

Y cuando el Velo te había cosido los ojos
Una criatura gritó ¡«Indulto»!
¿Qué Angustia era la peor – entonces –
Perecer o vivir?

429

La Luna está lejos del Mar –
Y sin embargo, con sus Manos de Ámbar –
Lo lleva – dócil como a un Niño –
Por las Arenas designadas –

Nunca se aparta el Mar un Grado –
Obediente a Su Ojo
Se aproxima lo justo – a la Ciudad –
Y lo justo – se aleja –

Tuya es, Signor, esa Mano de Ámbar –
Y mío – el Mar distante –
Obediente a la más mínima orden
Con tu ojo puesto sobre mí –

435

Es la mucha Locura la mejor Sensatez –
Para el Ojo sagaz –
La mucha Sensatez – la absoluta Locura –
La Mayoría
En esto, como en Todo, prevalece –
Asiente – y serás cuerdo –
Objeta – y serás peligroso de inmediato –
Y Encadenado –

This is my letter to the World
That never wrote to Me –
The simple News that Nature told –
With tender Majesty

Her Message is committed
To Hands I cannot see –
For love of Her – Sweet – countrymen –
Judge tenderly – of Me

1862   *1890*

442

God made a little Gentian –
It tried – to be a Rose –
And failed – and all the Summer laughed –
But just before the Snows

There rose a Purple Creature –
That ravished all the Hill –
And Summer hir her Forehead –
And Mockery – was still –

The Frosts were her condition –
The Tyrian would not come
Until the North – invoke it–
Creator – Shall I – bloom?

c. 1862   *1891*

448

This was a Poet – It is That
Distills amazing sense
From ordinary Meanings –
And Attar so immense

Esta es mi carta al Mundo
Que nunca Me escribió –
Las Noticias sencillas que la Naturaleza –
Con delicada Majestad me dio

Su Recado está en Manos
Que yo no puedo ver –
Por el amor de Ella – mis Amables – paisanos –
Juzgadme con ternura.

442

Dios hizo una Genciana pequeñita –
Que trató – de ser Rosa –
Fracasó – y se rió el Verano –
Justo antes de las Nieves

Surgió una Púrpura Criatura –
Que a toda la Colina embelesó –
Y el Verano ocultó su Frente –
Y la Burla – cesó –

Era su condición la Escarcha –
El Tirio no vendría
Hasta que el Norte – lo invocara –
Creador – ¿Habré de – florecer?

448

Era Poeta – Es Eso
Extrae sentidos asombrosos
De los Significados cotidianos –
Y una Esencia sin límites

From the familiar species
That perished by the Door –
We wonder it was not Ourselves
Arrested it – before –

Of Pictures, the Discloser –
The Poet – it is He –
Entitles Us – by Contrast –
To ceaseless Poverty –

Of Portion – so unconscious –
The Robbing – could not harm –
Himself – to Him – a Fortune –
Exterior – to Time –

c. 1862   *1929*

449

I died for Beauty – but was scarce
Adjusted in the Tomb
When One who died for Truth, was lain
In an adjoining Room –

He questioned softly «Why I failed»?
«For Beauty», I replied –
«And I – for Truth –Themself are One –
We Brethren, are», He said –

And so, as Kinsmen, met a Night –
We talked between the Rooms –
Until the Moss had reached our lips –
And covered up – our names –

c. 1862   *1890*

De la especie conocida
Que pereció a la Puerta –
Nos preguntamos si no fuimos Nosotros
Los que la aprisionamos – antes –

De Cuadros, el Desvelador –
El Poeta – es Él –
El que Nos da derecho – por Contraste –
A incesante Pobreza –

De la Parte – tan inconsciente –
El Robo – no le afecta –
Él mismo – para Él – una Fortuna –
Ajena – al Tiempo –

449

Morí por la Belleza – mas apenas
Ajustada en la Tumba
Cuando Uno que murió por la Verdad, yacía
En una Habitación contigua –

Me preguntó amable «Por qué había fallecido»
«Por la Belleza», le contesté –
«Y yo – por la Verdad – Son Una sola cosa –
Hermanos somos», dijo –

Y así, cual los Parientes, que se encuentran de Noche –
Hablamos de una a otra Habitación –
Hasta que el Musgo nos llegó a los labios –
Y cubrió – nuestros nombres –

The Outer – from the Inner
Derives its Magnitude –
'Tis Duke, or Dwarf, according
As is the Central Mood –

The fine – unvarying Axis
That regulates the Wheel –
Though Spokes – spin – more conspicuous
And fling a dust – the while.

The Inner – paints the Outer –
The Brush without the Hand –
Its Picture publishes – precise –
As is the inner Brand –

On fine – Arterial Canvas –
A Cheek – perchance a Brow –
The Star's whole Secret – in the Lake –
Eyes were not meant to know.

c. 1862   *1935*

A Wife – at Daybreak I shall be –
Sunrise – Hast thou a Flag for me?
At Midnight, I am but a Maid,
How short it takes to make a Bride –
Then – Midnight, I have passed from thee
Unto the East, and Victory –

Midnight – Good Night! I hear them call,
The Angels bustle in the Hall –
Softly my Future climbs the Stair,
I fumble at my Childhood's prayer
So soon to be a Child no more –

Lo Externo – de lo Interno
Su Magnitud obtiene –
Es Duque o es Enano, dependiendo
Del Talante Central –

Sutil – invariable Eje
Que regula la Rueda –
Aunque los Radios – giren – más visibles
Y una brizna de polvo arrojen – mientras tanto.

Lo Interno – pinta lo Externo –
El Pincel sin la Mano –
Hace público el Cuadro – exacto –
Como es la Marca interna –

En delicado – Arterial Lienzo –
Una Mejilla – por ventura una Ceja –
Todo el Secreto de la Estrella – en el Lago –
Los ojos no estaban destinados a saber.

Una Esposa – seré al romper el Día –
Amanecer – ¿Tienes una Bandera para mí?
A Medianoche, soy sólo una Doncella,
Qué poco tiempo lleva el hacer una Novia –
Y así – Medianoche, he pasado de ti
Al Este, a la Victoria –

Medianoche – ¡Buenas Noches! Les oigo llamar,
Los Ángeles meten bulla en la Entrada –
Lentamente mi Futuro sube por la Escalera,
Manoseo el devocionario de mi Infancia
Qué pronto nunca más ya seré Niño –

Eternity, I'm coming – Sir,
Savior – I've seen the face – before!

c. 1862   1929

465

I heard a Fly buzz – when I died –
The Stillness in the Room
Was like the Stillness in the Air –
Between the Heaves of Storm –

The Eyes around – had wrung them dry –
And Breaths were gathering firm
For that last Onset – when the King
Be witnessed – in the Room –

I willed my Keepsakes – Signed away
What portion of me be
Assignable – and then it was
There interposed a Fly –

With Blue – uncertain stumbling Buzz –
Between the light – and me –
And then the Windows failed – and then
I could not see to see –

c. 1862   1896

475

Doom is the House without the Door –
'Tis entered from the Sun –
And then the Ladder's thrown away,
Because Escape – is done –

'Tis varied by the Dream
Of what they do outside –

[162]

Eternidad, ya voy – Señor,
Salvador – ¡ya he visto el rostro – antes!

465

Oí zumbar una Mosca – cuando morí –
La Quietud de la Sala
Era cual la Quietud del Aire –
Entre las Oleadas de Tormenta – que

Habían exprimido – los Ojos del entorno –
Y los Alientos firmes se acumulaban
Para el último Ataque – cuando el Rey
Fuera – en la Sala – atestiguado.

Y legué mis Recuerdos –
Cedí toda porción de mí
Que fuera transferible – y allí entonces
Se interpuso una Mosca –

Con un Zumbido Azul – incierto y vacilante –
Entre la luz – y yo –
Luego cayeron las Ventanas – y después
No veía para ver –

475

El Destino es la Casa sin la Puerta –
A la que se entra desde el Sol –
Y luego se retira la Escalera,
Porque la Fuga – se acabó –

Trocada por el Sueño
De lo que están haciendo fuera –

Where Squirrels play – and Berries die –
And Hemlocks – bow – to God –

c. 1862   *1929*

482

We Cover Thee – Sweet Face –
Not that We tire of Thee –
But that Thyself fatigue of Us –
Remember – as Thou go –
We follow Thee until
Thou notice Us – no more –
And then – reluctant – turn away
To Con Thee o'er and o'er –

And blame the scanty love
We were Content to show –
Augmented – Sweet – a Hundred fold –
If Thou would'st take it – now –

c. 1862   *1896*

486

I was the slightest in the House –
I took the smallest Room –
At night, my little Lamp, and Book –
And one Geranium –

So stationed I could catch the Mint
That never ceased to fall –
And just my Basket –
Let me think – I'm sure
That this was all –

I never spoke – unless addressed –
And then, 'twas brief and low –
I could not bear to live – aloud –
The Racket shamed me so –

Donde juegan las Ardillas – y las Bayas agonizan –
Y las Cicutas – se inclinan – ante Dios –

482

Te Cubrimos – Dulce Rostro –
No porque Nos cansaras –
Sino porque Tú estabas cansado de Nosotros –
Recuerda – mientras partes –
Que Te seguimos hasta donde
Ya no repares en Nosotros –
Y luego – reluctantes – regresamos
Para seguir aprendiéndote –

Y culpamos al escaso amor
Que nos Contentamos con mostrar –
Aumentado – Dulce – Centuplicado –
Si lo quisieras recibir – ahora –

486

Era yo la más leve de la Casa –
Me quedé con el Cuarto más pequeño –
Por la noche, mi Lamparita, el Libro –
Y un Geranio –

Así situada podía coger la Hierbabuena
Que no dejaba nunca de caer –
Y sólo mi Canasta –
Déjame que lo piense – estoy segura
Eso era todo –

Nunca hablaba – si no me preguntaban –
Y, aún así, era breve y en voz baja –
Soportar no podía el vivir – en voz alta –
Tanto el Bullicio a mí me avergonzaba –

And if it had not been so far –
And any one I knew
Were going – I had often thought
How noteless – I coul die –

c. 1862

1945

488

Myself was formed – a Carpenter –
An unpretending time
My Plane – and I, together wrought
Before a Builder came –

To measure our attainments –
Had we the Art of Boards
Sufficiently developed – He'd hire us
At Halves –

My Tools took Human – Faces –
The Bench, where we had toiled –
Against the Man – persuaded –
We – Temples build – I said –

c. 1862

1935

492

Civilization – spurns – the Leopard!
Was the Leopard – bold ?
Deserts – never rebuked her Satin –
Ethiop – her Gold –
Tawny – her Customs –
She was Conscious –
Spotted – her Dun Gown –
This was the Leopard's nature – Signor –
Need – a keeper – frown?

Pity – the Pard – that left her Asia –
Memories – of Palm –

[166]

Y si no hubiera estado tan lejos –
Y cuantos conocía
No se hubieran marchado – habría yo pensado con frecuencia
Lo inadvertida – que podría morir –

488

A mí me hicieron – Carpintero –
Un tiempo sin engaño
Mi Cepillo – y yo, forjados juntos
Antes de que llegara un Arquitecto –

Para medir los logros –
Teníamos el Arte de las Tablas
Muy bien desarrollado – Él nos contrataría
Por Mitades –

Mis Útiles tomaban Rostro – Humano –
El Banco, en que nos afanáramos –
Contra el Hombre – persuadidos –
Construimos Templos – dije –

492

¡La Civilización – rechaza – al Leopardo!
¿Era el Leopardo – osado?
Los Desiertos – nunca su Raso reprimieron –
Etíope – su Oro –
Leonadas – sus Costumbres –
Era Consciente –
Moteada – su Parda Vestidura –
Tal era la naturaleza del Leopardo – Signor –
¿Por qué tiene – el guardián – que fruncir siempre el ceño?

Apiadaos – del Pardo – que abandonó su Asia –
Los Recuerdos – de las Palmeras –

Cannot be stifled – with Narcotic –
Nor suppressed – with Balm –

c. 1862   *1945*

496

As far from pity, as complaint –
As cool to speech – as stone –
As numb to Revelation
As if my Trade were Bone –

As far from Time – as History –
As near yourself – Today –
As Children, to the Rainbow's scarf –
Or Sunset's Yellow play

To eyelids in the Sepulchre –
How dumb the Dancer lies –
While Color's Revelations break –
And blaze – the Butterflies!

c. 1862   *1896*

501

This World is not Conclusion.
A Species stands beyond –
Invisible, as Music –
But positive, as Sound –
it beckons, and it baffles –
Philosophy – don't know –
And through a Riddle, at the last –
Sagacity, must go –
To guess it, puzzles scholars –
To gain it, Men have borne
Contempt of Generations
And Crucifixion, shown –
Faith slips – and laughs, and rallies –

No pueden sofocarse – con Narcóticos –
Ni suprimirse – con un Bálsamo –

496

Tan lejos de la piedad, como la queja –
Tan fría a la palabra – como piedra –
Tan insensible a la Revelación
Como si fuera mi Negocio el Hueso –

Tan lejos del Tiempo – como la Historia –
Tan cerca de ti – Hoy –
Como los Niños de la bufanda del Arco Iris –
O el Amarillo juego del Ocaso

Para los párpados en el Sepulcro –
¡Qué sosa yace la Bailarina –
Mientras rompen Revelaciones de Color –
Y resplandecen – Mariposas!

501

Este Mundo no es Conclusión.
Más allá hay una Especie –
Invisible, cual Música –
Pero real como el Sonido –
Atrae y desconcierta –
A la Filosofía – no sé –
Y a través de un Enigma, al final –
La Sagacidad debe ir –
A adivinarlo, a eruditos confunde –
Para ganarlo, han sufrido los Hombres
Desprecio de Generaciones
Y han exhibido una Crucifixión –
La Fe se equivoca – y se ríe y se burla –

Blushes, if any see –
Plucks at a twig of Evidence –
And asks a Vane, the way –
Much Gesture, from the Pulpit –
Strong Hallelujahs roll –
Narcotics cannot still the Tooth
That nibbles at the soul –

c. 1862   1896

505

I would not paint – a picture –
I'd rather be the One
Its bright impossibility
To dwell – delicious – on –
And wonder how the fingers feel
Whose rare – celestial – stir –
Evokes so sweet a Torment –
Such sumptuous – Despair –

I would not talk, like Cornets –
I'd rather be the One
Raised softly to the Ceilings –
And out, and easy on –
Through Villages of Ether –
Myself endued Balloon
By but a lip of Metal –
The pier to my Pontoon –

Nor would I be a Poet –
It's finer – own the Ear –
Enamored – impotent – content –
The License to revere,
A privilege so awful
What would the Dower be,
Had I the Art to stun myself
With Bolts of Melody!

c. 1862   1945

Se ruboriza si la ven –
Arranca una rama de Evidencia –
Y pregunta el camino a la Veleta –
Mucho Gesto, desde el Púlpito –
Redoblan fuertes Aleluyas –
Los Narcóticos no calman el Diente
Que roe el alma –

505

No pintaría – un cuadro –
Preferiría ser lo Único
Su imposibilidad brillante
Para permanecer – con deleite –
Y preguntarme qué sienten los dedos
Cuyo infrecuente – celestial – revuelo –
Evoca tan dulce Tormento –
Tan suntuosa – Desesperación –

Y no hablaría como las Cornetas –
Preferiría ser lo Único
Alzado suavemente a los cielos –
Brotando lentamente –
Por las Aldeas del Éter –
Convertida en un Globo
No más que por un labio de Metal –
Pilar de mi Pontón –

Ni sería Poeta –
Es mejor – poseer el Oído –
Impotente – contento – enamorado –
La Licencia para venerar
Un privilegio tan tremendo
¡Cómo fuera la Dote
Si tuviera la Maña de aturdirme
Con Destellos de Melodía!

He touched me, so I live to know
That such a day, permitted so,
I groped upon his breast –
It was a boundless place to me
And silenced, as the awful sea
Puts minor streams to rest.

And now, I'm different from before,
As if I breathed superior air –
Or brushed a Royal Gown –
My feet, too, that had wandered so –
My Gypsy face – transfigured now –
To tenderer Renown –

Into this Port, if I might come,
Rebecca, to Jerusalem,
Would not so ravished turn –
Nor Persian, baffled at her shrine
Lift such a Crucifixal sign
To her imperial Sun.

c. 1862   *1896*

508

I'm ceded – I've stopped being Theirs –
The name They dropped upon my face
With water, in the country church
Is finished using, now,
And They can put it with my Dolls,
My childhood, and the string of spools,
I've finished threading – too –

Baptized, before, without the choice,
But this time, consciously, of Grace –
Unto supremest name –
Called to my Full – The Crescent dropped –

Él me tocó, vivo por tanto para saber
Que en un día tal, por ello autorizada,
Palpé su pecho a tientas –
Era un lugar sin límites
Y silencioso, como el mar terrible
Que da descanso a los arroyos.

Y diferente que antes, soy ahora,
Como si respirase un aire superior –
O rozase una Túnica Real –
También mis pies, que tanto habían vagado –
Mi cara de Gitana – transfigurada ahora –
En Renombre más tierno –

A este Puerto, si pudiera llegar,
Rebeca, a Jerusalén,
No se encaminarían tan embelesados –
Ni cual los Persas desconcertados ante su santuario
Elevaría tal signo de la Cruz
A su Sol imperial.

Lo he dejado – He dejado de ser Suya –
El nombre que dejaron caer sobre mi rostro
Con agua, en la iglesia del pueblo
No se usa más, ahora,
Pueden ponerlo junto a mis Muñecas,
Mi infancia y el hilo de carrete,
También – los he dejado de enhebrar.

Bautizada, primero, sin darme la elección,
Pero esta vez, consciente de la Gracia –
Con un supremo nombre –
Llamada Plenamente – El Creciente cayó –

Existence's whole Arc, filled up,
With one small Diadem.

My second Rank – too small the first –
Crowned – Crowing – on my Father's breast –
A half unconscious Queen –
But this time – Adequate – Erect,
With Will to choose, or to reject,
And I choose, just a Crown –

c. 1862   1890

510

It was not Death, for I stood up,
And all the Dead, lie down –
It was not Night, for all the Bells
Put out their Tongues, for Noon.

It was not Frost, for on my Flesh
I felt Siroccos – crawl –
Nor Fire – for just my Marble feet
Could keep a Chancel, cool –

And yet, it tasted, like them all,
The Figures I have seen
Set orderly, for Burial,
Reminded me, of mine –

As if my life were shaven,
And fitted to a frame,
And could not breathe without a key,
And 'twas like Midnight, some –

When everything that ticked – has stopped –
And Space stares all around –
Or Grisly frosts – first Autumn morns,
Repeal the Beating Ground –

El Arco entero de la existencia, se llenó,
Con una pequeña Diadema.

Mi segundo Rango – muy pequeño el primero –
Coronada – Jactándome – en el pecho de mi Padre –
Una medio consciente Reina –
Pero esta vez – Adecuada – y Erecta,
Con voluntad para escoger o rechazar,
Y justamente escojo una Corona –

510

No era la Muerte, pues yo estaba de pie,
Y todos los Muertos, estaban tendidos –
No era la Noche, pues todas las Campanas
Lanzaban las Lenguas, a Mediodía.

No era la Escarcha, pues en mi Carne
Sentí – reptar – a los Sirocos
Ni el Fuego – porque mis pies de Mármol
Podrían mantener un Presbiterio, fresco –

Y sin embargo, tenía el sabor de todos ellos
Las Figuras que he visto,
Ordenadas como para un Entierro,
El mío me recordaban –

Como si mi vida estuviera recortada,
Y ajustada a una horma,
Y no pudiese respirar sin una clave,
Era como la Medianoche –

Cuando todo lo que latía – se ha parado –
Y el Espacio mira a su alrededor –
Las Horribles escarchas – las primeras mañanas del Otoño
Revocan la Tierra que Redobla –

But, most, like Chaos – Stopless – cool –
Without a Chance, or Spar –
Or even a Report of Land –
To justify – Despair.

c. 1862   *1891*

511

If you were coming in the Fall,
I'd brush the Summer by
With half a smile, and half a spurn,
As Housewives do, a Fly.

If I could see you in a year,
I'd wind the months in balls –
And put them each in separate Drawers,
For fear the numbers fuse –

If only Centuries, delayed,
I'd count them on my Hand,
Subtracting, till my fingers dropped
Into Van Dieman's Land.

If certain, when this life was out –
That yours and mine, should be
I'd toss it yonder, like a Rind,
And take Eternity –

Pero, todo, cual Caos – Imparable – tranquilo –
Sin Ocasión ni Mástil –
E incluso sin Informe de Tierra –
Para justificar – la Desesperación.

511

Si tú vinieras en Otoño,
Yo barrería el Verano
Con sonrisa y desdén,
Como hacen las Esposas, con las Moscas.

Si te viera en un año,
Devanaría los meses en ovillos –
Y a cada uno lo pondría en Cajón separado,
Por temor a confundir los números –

Si sólo Siglos faltasen,
Los contaría con mi Mano,
Restando, hasta que mis dedos cayesen
En la Tierra de Van Dieman*.

Si estuviera segura de que cuando esta vida se acabara –
Persistieran la tuya y la mía,
Lejos la arrojaría, como Cáscara,
Y con la Eternidad me quedaría –

---

* *Van Diemen's Land* (v. 12) alude al nombre original con el que se conoció
Tasmania; nombre dado por su descubridor holandés, Abel Jans Tasman,
en 1642, en honor de su patrón, Gobernador General de Batavia.

Este lugar pasó a ser asentamiento británico en 1803 y el nombre original
fue cambiado por el de Tasmania en 1853, con el fin de borrar recuerdos y aso-
ciaciones con el envío de bandidos y convictos a dichas tierras, ya que esta actividad cesó en ese año.

Existe también el adjetivo *vandemoian*, aplicado a los desterrados o convictos y
el sustantivo vandemonianism, aludiendo a un comportamiento rudo, carcelario o
patibulario.

La grafía con «a» (Dieman), que es como aparecer en el texto de Emily
Dickinson, puede ser error de la propia poetisa o de la transcripción del profesor Johnson. *(N. del T.)*

But, now, uncertain of the length
Of this, that is between,
It goads me, like the Goblin Bee –
That will not state – its sting.

c. 1862

1890

519

'Twas warm – at first – like Us –
Until there crept upon
A Chill – like frost upon a Glass –
Till all the scene – be gone.

The Forehead copied Stone –
The Fingers grew too cold
To ache – and like a Skater's Brook –
The busy eyes – congealed –

It straightened – that was all –
It crowded Cold to Cold –
It multiplied indifference –
As Pride were all it could –

And even when with Cords –
'Twas lowered, like a Weight –
It made no Signal, nor demurred,
But dropped like Adamant.

c. 1862

1929

520

I started Early – Took my Dog –
And visited the Sea –
The Mermaids in the Basement
Came out to look at me –

And Frigates – in the Upper Floor
Extended Hempen Hands –

Pero ahora, incierta de la duración
De ésta, que está entre medias,
Me aguijonea, cual la Abeja Fantasma –
Que no declarará – su picadura.

519

Estaba caliente – al principio – como Nosotros –
Hasta que se arrastró hasta allí
Un Frío – como escarcha en el Cristal –
Y se apagó – la escena.

La Frente copió la Piedra –
Los Dedos se enfriaron demasiado
Como para doler – y cual arroyo de Patinadores –
Se solidificaron – los activos ojos –

Se estiró – eso fue todo –
Juntó Frío con Frío –
Multiplicó la indiferencia –
Como si sólo fuera capaz de Orgullo –

Y aun cuando con las Cuerdas –
Lo bajaron, cual Peso –
No objetó, ni hizo Señas,
Cayó como Adamante.

520

Me levanté Temprano – Cogí a mi Perro –
Y visité el Mar –
Las Sirenas del Bajo
Salieron a mirarme –

Y las Fragatas – del Piso de Arriba
Extendieron sus Manos de Cáñamo –

Presuming Me to be a Mouse –
Aground – upon the Sands –

But no Man moved Me – till the Tide
Went past my simple Shoe –
And past my Apron – and my Belt
And past my Bodice – too –

And made as He would eat me up –
As wholly as a Dew
Upon a Dandelion's Sleeve –
And then – I started – too –

And He – He followed – close behind –
I felt His Silver Heel
Upon my Ankle – Then my Shoes
Would overflow with Pearl –

Until We met the Solid Town –
No One He seemed to know –
And bowing – with a Mighty look –
At me – The Sea withdrew –

c. 1862   *1891*

526

To hear an Oriole sing
May be a common thing –
Or only a divine.

It is not of the Bird
Who sings the same, unheard,
As unto Crowd –

The Fashion of the Ear
Attireth that it hear
In Dun, or fair –

[180]

Suponiendo que Yo era un Ratón –
Encallado – en la Arena –

Mas Nadie Me movió – hasta que la Marea
Cubrió mi sencillo Zapato –
Llegó a mi Delantal – y hasta mi Cinturón
Y a mi Corpiño – incluso –

Hizo cual si me devorase –
Tanto como el Rocío
A la Mata de Diente de León –
Entonces – yo también eché a andar –

Y Él – Él me siguió – de cerca –
Notaba Su Talón de Plata
En mi Tobillo – y Luego mis Zapatos
Rebosaban de Perlas –

Hasta que así llegamos a la Ciudad Compacta –
Donde Él no parecía a Nadie conocer –
Y haciéndome un saludo – con aire Poderoso –
El Mar se retiró –

526

Oír cantar a una Oropéndola
Puede ser algo frecuente –
O simplemente divino.

No depende del Pájaro
Que canta lo mismo, sin ser oído,
A la Multitud –

El Estilo del Oído
Se viste de lo que oye
Ya de Claro, ya de Oscuro –

[181]

So whether it be Rune,
Or whether it be none
Is of within.

The «Tune is in the Tree – »
The Skeptic – showeth me –
«No Sir! In Thee!»

c. 1862   1891

529

I'm sorry for the Dead – Today –
It's such congenial times
Old Neighbors have at fences –
It's time o' year for Hay.

And Broad – Sunburned Acquaintance
Discourse between the Toil –
And laugh, a homely species
That makes the Fences smile –

It seems so straight to lie away
From all the noise of Fields –
The Busy Carts – the fragrant Cocks –
The Mower's Metre – Steals

A Trouble lest they're homesick –
Those Farmers – and their Wives –
Set separate from the Farming –
And all the Neighbors' lives –

A Wonder if the Sepulchre
Don't feel a lonesome way –
When Men – and Boys – and Carts – and June,
Go down the Fields to «Hay» –

c. 1862   1929

Que sea Runa,
O no lo sea
Depende de lo de dentro.

«En el Árbol está la Melodía»
El Escéptico – advierte –
«¡No Señor, en Usted!»

529

Lo siento por los Muertos – Hoy –
Qué bien lo están pasando
Los antiguos Vecinos en las cercas –
Es la estación del Heno.

Los Fuertes – y Curtidos Conocidos
Charlan entre Faena –
Y se ríen, especie muy casera,
Que hace a las Cercas sonreír –

Parece tan cabal estar yaciendo aparte
Del ruido de los Campos –
Los afanosos Carros – el oloroso Heno –
Del Segador el Ritmo – que se aleja

Es un problema que sientan nostalgia –
Los Granjeros – y Esposas –
Al estar separados de su Granja –
Y de las vidas de todos sus Vecinos –

Es asombroso que el Sepulcro
No tenga un sentimiento de abandono –
Cuando Grandes – y Chicos – y Carros – y Junio,
Bajan los Campos hacia el «Heno» –

Two Butterflies went out at Noon –
And waltzed upon a Farm –
Then stepped straight through the Firmament
And rested, on a Beam –

And then – together bore away
Upon a shining Sea –
Though never yet, in any Port –
Their coming, mentioned – be –

If spoken by the distant Bird –
If ment in Ether Sea
By Frigate, or by Merchantman –
No notice – was – to me –

c. 1862   1891

540

I took my Power in my Hand –
And went against the World –
'Twas not so much as David – had –
But I – was twice as bold –

I aimed my Pebble – but Myself
Was all the one that fell –
Was it Goliah – was too large –
Or was myself – too small?

c. 1862   1891

544

The Martyr Poets – did not tell –
But wrought their Pang in syllable –
That when their mortal name be numb –
Their mortal fate – encourage Some –

Dos Mariposas salieron al Mediodía –
Y bailaron un vals sobre una Granja –
Luego se encaminaron derechas al Firmamento
Y descansaron en un Rayo de luz –

Y luego – juntas avanzaron
Sobre un brillante Mar –
Aunque todavía en ningún Puerto –
Se haya mencionado – su llegada –

Si de ellas habló el Pájaro lejano –
O si fueron vistas en el Mar Etéreo
Por Mercante o Fragata –
No me – llegó – noticia –

540

Tomé en la Mano mi Poder –
Y me fui contra el Mundo –
No era tanto como David – tenía –
Pero yo – era dos veces más osada –

Apunté mi Guijarro – mas yo Misma
Fue todo lo que cayó –
¿Era Goliat – muy grande –
O era yo – muy pequeña?

544

Los Poetas Mártires – lo callaron –
Pero forjaron su Dolor en sílaba –
Que cuando inerte esté su mortal nombre –
Su destino mortal – aliente a Algunos –

The Martyr Painters – never spoke –
Bequeathing – rather – to their Work –
That when their conscious fingers cease –
Some seek in Art – the Art of Peace –

c. 1862   *1935*

568

We learned the Whole of Love –
The Alphabet – the Words –
A Chapter – then the mighty Book –
Then – Revelation closed –

But in Each Other's eyes
An Ignorance beheld –
Diviner than the Childhood's –
And each to each, a Child –

Attempted to expound
What Neither – understood –
Alas, that Wisdom is so large –
And Truth – so manifold!

1862   *1945*

569

I reckon – when I count at all –
First – Poets – Then the Sun –
Then Summer – Then the Heaven of God –
And then – the List is done –

But, looking back – the First so seems
To Comprehend the Whole –
The Others look a needless Show –
So I write – Poets – All –

Their Summer – lasts a Solid Year –
They can afford a Sun

Los Pintores Mártires – nunca hablaron –
Delegando – antes bien – en su Trabajo –
Para que cuando sus conscientes dedos cesen –
Busquen algunos en el Arte – el Arte del Sosiego –

568

Aprendimos el Todo del Amor –
El Alfabeto – las Palabras –
Un Capítulo – luego el poderoso Libro –
Y – la Revelación quedó sellada –

Pero en los ojos de Ambos
Una Ignorancia se observaba –
Más excelsa que aquélla de la Infancia –
Y cada cual, un Niño para el otro –

Intentaba explicar
Lo que Nadie – entendía –
¡Ay, es tan extensa la Sabiduría –
Y la Verdad – tan múltiple! –

569

Considero – si me pongo a contar –
Primero – los Poetas – el Sol Luego –
Luego el Verano – el Cielo de Dios Luego –
Y la Lista está hecha –

Pero, cuando lo pienso – lo Primero parece
Abarcar el Total –
Los Otros, Espectáculo superfluo –
Así que escribo – los Poetas – Todo –

Dura un Año Completo – su Verano –
Pueden permitirse un Sol

[187]

The East — would deem extravagant —
And if the Further Heaven —

Be Beautiful as they prepare
For Those who worship Them —
It is too difficult a Grace —
To justify the Dream —

c. 1862   1929

575

«Heaven» has different Signs — to me —
Sometimes, I think that Noon
Is but a symbol of the Place —
And when again, at Dawn,

A mighty look runs round the World
And settles in the Hills —
An Awe if it should be like that
Upon the Ignorance steals —

The Orchard, when the Sun is on —
The Triumph of the Birds
When they together Victory make —
Some Carnivals of Clouds —

The Rapture of a finished Day —
Returning to the West —
All these — remind us of the place
That Men call «Paradise» —

Itsel be fairer — we suppose —
But how Ourself, shall be
Adorned, for a Superior Grace —
Not yet, our eyes can see —

c. 1862   1929

El Este – pareciera exagerado –
Y si el Futuro Cielo –

Hermoso fuera cual disponen ellos
Para Los que Les siguen –
Es una Gracia muy difícil –
Para justificar el Sueño –

575

«El Cielo» tiene Signos distintos – para mí –
Algunas veces pienso que el Mediodía
Sólo es un símbolo de ese Lugar –
Y cuando de nuevo, al Alba,

Una mirada poderosa recorre el Mundo
Y se posa en los Montes –
Un Temor de que deba ser así
Se cierne sobre la Ignorancia –

El Huerto, bajo el Sol –
El Triunfo de los Pájaros
Cuando juntos construyen la Victoria –
Carnavales de Nubes –

El Rapto del término de un Día –
Que vuelve hacia el Oeste –
Todo esto – nos recuerda el lugar
Al que los Hombres llaman «Paraíso» –

Suponemos – que sea más hermoso –
Pero cómo seremos Nosotros
Adornados para una Gracia Superior –
Aún nuestros ojos no lo ven –

I prayed, at first, a little Girl,
Because they told me to –
But stopped, when qualified to guess
How prayer would feel – to me –

If I believed God looked around,
Each time my Childish eye
Fixed full, and steady, on his own
In Childish honesty –

And told him what I'd like, today,
And parts of his far plan
That baffled me –
The mingled side
Of his Divinity –

And often since, in Danger,
I count the force 'twould be
To have a God so strong as that
To hold my life for me

Till I could take the Balance
That tips so frequent, now,
It takes me all the while to poise –
And then – it doesn't stay –

c. 1862   1929

578

The Body grows without –
The more convenient way –
That if the Spirit – like to hide
Its Temple stands, alway,

Ajar – secure – inviting –
It never did betray

[190]

576

Al principio rezaba, cuando Niña,
Pues me dijeron que lo hiciera –
Pero dejé de hacerlo, en cuanto pude imaginar
Cómo me sentaría la plegaria –

Si yo creyera que Dios miraba en torno,
Cada vez que mi ojo Infantil
Abierto se fijaba y firme en el suyo
Con Infantil honradez –

Y le dijera lo que me gustaría hoy
Y partes de su lejano designio
Que me desconcertaban –
El lado confuso
De su Divinidad –

Y desde entonces, a menudo, en caso de Peligro,
Considero la fuerza que entrañaría
Tener un Dios tan poderoso
Que me sostuviera la vida.

Hasta que consiguiera sujetar la Balanza
Que tan frecuentemente ahora se inclina,
Que tanto tiempo me lleva equilibrar –
Y luego – no se tiene –

578

El Cuerpo crece en lo exterior –
Del modo más idóneo –
Para que si el Alma – quiere ocultarse
Su Templo esté allí siempre,

Entreabierto – seguro – atrayente –
Él nunca traicionó

The Sould that asked its shelter
In solemn honesty

c. 1862   1891

583

A Toad, can die of Light –
Death is the Common Right
Of Toads and men –
Of Earl and Midge
The privilege –
Why swagger, then?
The Gnat's supremacy is large as Thine –

Life – is a different Thing –
So measure Wine –
Naked of Flask – Naked of Cask –
Bare Rhine –
Which Ruby's mine?

c. 1862   1896

585

I like to see it lap the Miles –
And lick the Valleys up –
And stop to feed itself at Tanks –
An then – prodigious sted

Around a Pile of Mountains –
And supercilious peer
In Shanties – by the sides of Roads –
And then a Quarry pare

To fit its Ribs
And crawl between
Complaining all the while

[192]

Al Alma que su asilo demandase
Con solemne franqueza.

583

Un Sapo puede morir de Luz –
La Muerte es el Derecho Común
De Sapos y de Hombres –
Del Conde y de la Mosca
El privilegio –
¿Por qué pavonearse entonces?
Es la supremacía del Mosquito amplia como la Tuya

La Vida – es una Cosa diferente –
Así se mide el Vino –
Desnudo de su Frasca – de su Tonel desnudo –
Puro Rhin –
¿Qué Rubí es el mío?

585

Me gusta verlo recorrer las Millas –
Y lamer los Valles –
Y pararse a beber de los Depósitos –
Y luego – prodigioso pasar

Bordeando una Cadena de Montañas –
Y fijarse altanero –
En las Chozas – al borde del Camino
Rozando una Cantera

Para ajustarla a sus Costillas
Y arrastrarse entre medias
Quejándose entre tanto

In horrid – hooting stanza –
Then chase itself down Hill –

And neigh like Boanerges –
Then – punctual as a Star
Stop – docile and omnipotent
At its own stable door –

c. 1862   1891

601

A still – Volcano – Life –
That flickered in the night –
When it was dark enough to do
Without erasing sight –

A quiet – Earthquake Style –
Too subtle to suspect
By natures this side Naples –
The North cannot detect

The Solemn – Torrid – Symbol –
The lips that never lie –
Whose hissing Corals part – and shut –
And Cities – ooze away –

c. 1862   1929

605

The Spider holds a Silver Ball
In unperceived Hands –

En hórrida – silbante estrofa –
Perseguirse a sí mismo por la Colina abajo –

Y relinchando cual los Hijos del Trueno* –
Luego – puntual como una Estrella
Pararse – omnipotente y dócil
A la puerta de su propio Establo –

601

Quieto – Volcán – la Vida –
Destellando en la noche –
Cuando la oscuridad era bastante
Como para pasarse sin la vista que borra –

Una tranquilidad – Estilo Terremoto –
Demasiado sutil para intuir
Por la naturaleza este lado de Nápoles –
Que el Norte no detecta

El Símbolo – Solemne – Tórrido –
Los labios que no mienten –
Cuyos Corales siseantes se separan – y cierran –
Y las Ciudades – se desangran –

605

Sostiene la Araña una Bola de Plata
Con invisibles Manos –

---

* *Boanerges* (v. 14) es el nombre dado a Juan y Santiago, los hijos del Zebedeo, porque quisieron hacer descender «fuego del Cielo» para consumir a los Samaritanos por no recibir a Jesús. Según la Biblia, significa «hijos del trueno», aunque quizá «hijos del tumulto» fuera mejor traducción. (Ver Lucas, IX, 54, y Marcos, III, 17). El término en hebreo es *b' nēy regesh. (N. del T.)*

And dancing softly to Himself
His Yarn of Pearl – unwinds –

He plies from Nought to Nought –
In insubstantial Trade –
Supplants our Tapestries with His –
In half the period –

An Hour to rear supreme
His Continents of Light –
Then dangle from the Housewife's Broom –
His Boundaries – forgot –

c. 1862
1945

609

I Years had been from Home
And ask my Business there –
I dared not enter, lest a Face
I never saw before

Stare stolid into mine
And ask my Business there –
«My Business but a Life I left
Was such remaining there?»

I leaned upon the Awe –
I lingered with Before –
The Second like an Ocean rolled
And broke against my ear –

I laughed a crumbling Laugh
That I could fear a Door
Who Consternation compassed
And never winced before.

I fitted to the Latch
My Hand, with trembling care

Y bailando lentamente para Sí
Su Hilaza de Perla – devana –

Va del Cero a la Nada –
En Negocio trivial –
Y cambia nuestras Telas por las Suyas –
En la mitad de tiempo –

Una Hora para alzar a la cumbre
Sus Luminosos Continentes –
Y luego colgando del palo de Escoba del Ama de casa –
Sus Límites – olvida –

609

Lejos de Casa he estado muchos Años
Y ante la Puerta ahora
A entrar yo no me atrevo, no sea que una Cara
Que nunca he visto antes

Me mire imperturbable
Y me pregunte qué hago allí –
«Sólo busco una Vida que dejé,
¿Seguía por allí?»

Me incliné en el Temor –
Que Antes me demoraba –
El Instante sonó como un Océano
Y se rompió contra mi oído –

Reí una desmigajada Risa
Que yo tuviera miedo de una Puerta
Yo que la Consternación había comprendido
Y jamás hice un gesto de dolor.

Ajusté al Picaporte
Mi Mano con cuidado tembloroso

Lest back the awful Door should spring
And leave me in the Floor –

Then moved my Fingers off
As cautiously as Glass
And held my ears, and like a Thief
Fled gasping from the House –

c. 1872   *1891*

611

I see thee better – in the Dark –
I do not need a Light –
The Love of Thee – a Prism be –
Excelling Violet –

I see thee better for the Years
That hunch themselves between –
The Miner's Lamp – sufficient be –
To nullify the Mine –

And in the Grave – I see Thee best –
Its little Panels be
Aglow – All ruddy – with the Light
I held so high, for Thee –

What need of Day –
To Those whose Dark – hath so – surpassing Sun –
It deem it be – Continually –
At the Meridian?

c. 1862   *1914*

613

They shut me up in Prose –
As when a little Girl
They put me in the Closet –
Because they liked me «still» –

No fuera que la terrible Puerta se apartase de pronto
Dejándome en el Suelo –

Luego quité mis Dedos
Tan cuidadosamente como si fueran Vidrio
Me tapé los oídos y tal como un Ladrón
Escapé de la Casa jadeante –

611

Te veo mejor – en la Oscuridad –
No necesito Luz –
El Amor hacia Ti – un Prisma sea –
Superando el Violeta –

Te veo mejor con los Años
Que se encorvan entre medias –
La Lámpara de Minero – suficiente sea –
Para anular la Mía –

Y en la Tumba – es como mejor Te veo –
Sus pequeños Paneles resplandezcan
Rubicundos – con esta Luz
Que sostengo tan alta, para Ti –

¿Qué necesitan del Día –
Aquéllos cuya Oscuridad – ha – superado al Sol
Que parece ya estar – Continuamente –
En el Meridiano?

613

Me encierran en la Prosa –
Igual que de Pequeña
Me mandaban al Cuarto de los Trastos –
Pues les gustaba «quieta» –

Still! Could themself have peeped –
And seen my Brain – go round –
They might as wise have lodged a Bird
For Treason – in the Pound –

Himself has but to will
And easy as a Star
Abolish his Captivity –
And laugh – No more have I –

c. 1862   1935

615

Our journey had advanced –
Our feet were almost come
To that odd Fork in Being's Road –
Eternity – by Term –

Our pace took sudden awe –
Our feet – reluctant – led –
Before – were Cities – but Between –
The Forest of the Dead –

Retreat – was out of Hope –
Behind – a Sealed Route –
Eternity's White Flag – Before –
And God – at every Gate –

c. 1862   1891

617

Don't put up my Thread and Needle –
I'll begin to Sew
When the Birds begin to whistle –
Better Stitches – so –

These were bent – my sight got crooked –
When my mind – is plain

¡Quieta! Si hubieran atisbado –
Y visto – divagar – a mi Cerebro –
Hubieran de tal guisa a un Pájaro alojado
En la Perrera – por Traición –

Le basta a él con querer
Y sin esfuerzo, cual Estrella
Abolir su Cautividad –
Y reírse – me basta a mí lo mismo –

615

Había progresado nuestro viaje –
Habían casi llegado nuestros pies
A esa extraña Bifurcación en la Senda del Ser –
Eternidad – de Nombre –

Nuestro paso de pronto de espanto se llenó –
Nuestros pies – avanzaron – con recelo –
Enfrente – las Ciudades – pero en Medio –
El Bosque de los Muertos –

De Retirada – no había la mínima Esperanza –
Detrás – un Camino Sellado –
La Blanca Enseña de la Eternidad – Delante –
Y Dios – a cada Puerta –

617

No retires el Hilo ni la Aguja –
Empezaré a Coser
Cuando los Pájaros empiecen a silbar –
Las mejores Puntadas – entonces –

Estas otras estaban ladeadas – se me torció la vista –
Cuando tenga la mente – enderezada

I'll do seams – a Queen's endeavor
Would not blush to own –

Hems – too fine for Lady's tracing
To the sightless Knot –
Tucks – of dainty interspersion –
Like a dotted Dot –

Leave my Needle in the furrow –
Where I put it down –
I can make the zigzag stitches
Straight – when I am strong –

Till then – dreaming I am sewing
Fetch the seam I missed –
Closer – so I – at my sleeping –
Still surmise I stitch –

c. 1862   *1929*

625

'Twas a long Parting – but the time
For Interview – had Come –
Before the Judgment Seat of God –
The last – and second time

These Fleshless Lovers met –
A Heaven in a Gaze –
A Heaven of Heavens – the Privilege
Of one another's Eyes –

No Lifetime – on Them –
Appareled as the new
Unborn – except They had beheld –
Born infiniter – now –
Was Bridal – e'er like This?
A Paradise – the Host –

Haré costuras que – el afán de una Reina
No se ruborizara de tener –

Dobladillos – muy finos para el calco de Dama
Para el Nudo sin vista –
Pliegues – de primorosos salteados –
Como un Bodoque punteado –

Deja mi Aguja en el surco –
Donde la puse –
Las puntadas en zigzag puedo hacerlas
Derechas – cuando me sienta fuerte –

Hasta entonces – soñando que estoy cosiendo
Acércame aquella costura con la que fracasé –
Y así yo – en mi dormir –
Seguiré imaginándome que coso –

625

Fue una larga Despedida – pero el tiempo
De la Entrevista – había Llegado –
Ante el Trono del Juicio del Señor –
La última – y segunda vez

Que estos Amantes Descarnados se encontraron –
En una Mirada un Cielo –
Un Cielo de Cielos – el Privilegio
De los Ojos mutuos –

No tenían una Vida – por delante –
Vestidos cual los nuevos
No Nacidos – excepto porque habían visto –
Nacidos más infinitos – ahora –

¿Hubo alguna vez – Boda como Ésta?
Por Anfitrión – un Paraíso –

And Cherubim — and Seraphim —
The unobtrusive Guest —

c. 1862   1890

631

Ourselves were wed one summer — dear —
Your Vision — was in June —
And when Your little Lifetime failed,
I wearied — too — of mine —

And overtaken in the Dark —
Where You had put me down —
By Some one carrying a Light —
I — too — received the Sign.

'Tis true — Our Futures different lay —
Your Cottage — faced the sun —
While Oceans — and the North must be —
On every side of mine

'Tis true, Your Garden led the Bloom,
For mine — in Frosts — was sown —
And yet, one Summer, we were Queens —
But You — were crowned in June —

c. 1862   1945

632

The Brain — is wider than the Sky —
For — put them side by side —
The one the other will contain
With ease — and You — beside —

The Brain is deeper than the sea —
For — hold them — Blue to Blue —
The one the other will absorb —
As Sponges — Buckets — do —

Y un Querubín – y un Serafín –
Por discreto Invitado –

631

Nosotras nos casamos un verano – querida –
Y Tu Visión – fue en junio –
Y cuando Tu pequeña Vida te fallaba,
Yo – también – me cansaba de la mía –

Sorprendida en lo Oscuro –
En que Tú me dejaste –
Yo – también – recibía la Señal –
De Alguien con una Luz.

Es verdad – que el Futuro se dispuso distinto –
Tu Casita de campo – orientada hacia el sol –
Mientras que los Océanos – y el Norte –
A cada lado de la mía.

Es verdad, Tu Jardín Florecía primero,
El mío – seguía sembrado – de Escarcha –
Sin embargo, un Verano fuimos Reinas –
Pero Tú – fuiste coronada en Junio –

632

El Cerebro – es más ancho que el Cielo –
Porque – ponlos juntos –
Y contendrá el uno al otro
Fácilmente – y a Ti – además –

El Cerebro es más profundo que el mar –
Porque – sostenlos – Azul contra Azul –
Y el uno al otro absorberá –
Como hacen – las Esponjas – con los Baldes –

The Brain is just the weight of God –
For – Heft them – Pound for Pound –
And they will differ – if they do –
As Syllable from Sound –

c. 1862

1896

633

When Bells stop ringing – Church – begins –
The Positive – of Bells –
When Cogs – stop – that's Circumference –
The Ultimate – of Wheels.

c. 1862

1945

640

I cannot live with You –
It would be Life –
And Life is over there –
Behind the Shelf

The Sexton keeps the Key to –
Putting up
Our Life – His Porcelain –
Like a Cup –

Discarded of the Housewife –
Quaint – or Broke –
A newer Sevres pleases –
Old Ones crack –

I could not die – with You –
For One must wait
To shut the Other's Gaze down –
You – could not –

El Cerebro no es más que el peso de Dios –
Porque – Sopésalos – Libra por Libra –
Y si se distinguen – será –
Como de la Sílaba el Sonido –

633

Cuando las Campanas dejan de sonar – la Iglesia – comienza –
Lo Absoluto – de la Campana –
Cuando los Dientes – se detienen – eso es Circunferencia –
El Summun – de la Rueda.

640

No puedo vivir contigo –
Eso sería Vida –
Y la Vida está allá –
Detrás de la Alacena

El Sacristán tiene la Llave –
Que guarda
Nuestra Vida – Su Porcelana –
Como una Taza –

Por el Ama de casa arrinconada –
Suelta – o Rota –
Una nueva de Sèvres siempre gusta –
Y las Viejas se rompen –

Morir – Contigo – no podría –
Pues Uno de los dos debe esperar
Para cerrarle la Mirada al Otro –
Tú – no podrías –

And I – Could I stand by
And see You – freeze –
Without my Right of Frost –
Death's privilege?

Nor could I rise – with You –
Because Your Face
Would put out Jesus' –
That New Grace

Glow plain – and foreign
On my homesick Eye –
Except that You than He
Shone closer by –

They'd judge Us – How –
For You – served Heaven – You know,
Or sought to –
I could not –

Because You saturated Sight –
And I had no more Eyes
For sordid excellence
As Paradise

And were You lost, I would be –
Though My Name
Rang loudest
On the Heavenly fame –

And were You – saved –
And I – condemned to be
Where You were not –
That self – were Hell to Me –

So We must meet apart –
You there – I – here –
With just the Door ajar
That Oceans are – and Prayer –

[208]

Y yo – ¿Podría yo quedarme a tu lado
Viendo como Te – hielas –
Sin mi Derecho a Escarcha –
Prerrogativa de la Muerte?

Ni podría resucitar – contigo –
Porque Tu Rostro
Borraría el de Jesús –
Y que esa Nueva Gracia

Brille clara – y extraña
En mi Ojo de nostalgia –
Salvo que Tú, que Él
Más cercano brillaras –

Cómo – nos juzgarían –
Pues Tú – serviste al Cielo – ya lo sabes,
O lo intentaste –
Yo no pude –

Porque Tú saturabas la Mirada –
Y no tenía yo más Ojos
Para excelencia sórdida
Como es el Paraíso.

Si Tú te condenaras, Yo me condenaría –
Aunque Mi Nombre
Resonara el más alto
En la fama Celeste –

Y si Tú – te salvaras –
Y Yo – me condenase
Donde Tú no estuvieras –
Ese yo – el Infierno sería para Mí –

Así que debemos pues desencontrarnos –
Tú ahí – yo – aquí –
Con la Puerta entreabierta
Que Océanos existen – y Oraciones –

And that White Sustenance –
Despair –

c. 1862   1890

641

Size circumscribes – it has no room
For petty furniture –
The Giant tolerates no Gnat
For Ease of Gianture –

Repudiates it, all the more –
Because intrinsic size
Ignores the possibility
Of Calumnies – or Flies.

c. 1862   1935

642

Me from Myself – to banish –
Had I Art –
Impregnable my Fortress
Unto All Heart –

But since Myself – assault Me –
How have I peace
Except by subjugating
Consciousness?

And since We're mutual Monarch
How this be
Except by Abdication –
Me – of Me?

c. 1862   1929

Y ese Blanco Sustento –
La Desesperación –

641

El Tamaño circunscribe – no dispone de espacio
Para el mueble pequeño –
El Gigante no tolera al Mosquito
Por la Comodidad de Gigantura –

Y lo rechaza, sobre todo –
Porque el tamaño intrínseco
La posibilidad ignora
De Calumnias – o Moscas.

642

De desterrarme – de Mí Misma –
El Don tuviera –
Mi Fortaleza inexpugnable
A Todo Corazón –

Mas, si a Mí Misma – Me asalto –
¿Cómo hallar paz
Sino por sumisión
De la Consciencia?

Y pues Monarcas somos mutuos
¿Cómo puede ser esto
Si no es por Abdicación –
De Mí – en Mí ?

Pain – has an Element of Blank –
It cannot recollect
When it begun – or if there were
A time when it was not –

It has no Future – but itself –
Its Infinite contain
Its Past – enlightened to perceive
New Periods – of Pain.

c. 1862   *1890*

654

A long – long Sleep – A famous – Sleep –
That makes no show for Morn –
By Stretch of Limb – or stir of Lid –
An independent One –

Was ever idleness like This?
Upon a Bank of Stone
To bask the Centuries away –
Nor once look up – for Noon?

c. 1862   *1896*

656

The name – of it – is «Autumn» –
The hue – of it – is Blood –
An Artery – upon the Hill –
A Vein – along the Road –

Great Globules – in the Alleys –
And Oh, the Shower of Stain –
When Winds – upset the Basin –
And spill the Scarlet Rain –

Tiene el Dolor – un Elemento en Blanco –
No puede recordar
Cuándo empezó – o si hubo
Un tiempo en el que no existía –

Y no tiene Futuro – sino él mismo –
Su Infinita capacidad
Su Pasado – iluminado para percibir
Nuevos Periodos – de Dolor.

654

Un largo – dilatado Sueño – Un famoso – Sueño –
Que no recibe a la Mañana –
Estirando los Miembros – o moviendo los Párpados
Un Sueño independiente –

¿Hubo alguna vez un ocio Semejante?
¿Sobre una Ladera de Piedra
Ir sometiendo al sol los Siglos –
Sin levantar los ojos ni una vez – buscando el Mediodía

656

Su nombre – es el de «Otoño» –
Su color – el de Sangre –
Una Arteria – sobre la Colina –
Una Vena – a lo largo del Camino –

Grandes Glóbulos – en las Avenidas –
Y Oh, el Chaparrón de Manchas –
Cuando los Vientos – agitan la Cuenca –
Y vierten la Lluvia de Escarlata –

It sprinkles Bonnets – far below –
It gathers ruddy Pools –
Then – eddies like a Rose – away –
Upon Vermilion Wheels –

c. 1862   1892

657

I dwell in Possibility –
A fairer House than Prose –
More numerous of Windows –
Superior – for Doors –

Of Chambers as the Cedars –
Impregnable of Eye –
And for an Everlasting Roof
The Gambrels of the Sky –

Of Visitors – the fairest –
For Occupation – This –
The spreading wide my narrow Hands
To gather Paradise –

c. 1862   1929

664

Of all the Souls that stand create –
I have elected – One –
When Sense from Spirit – files away –
And Subterfuge – is done –
When that which is – and that which was –
Apart – intrinsic – stand –
And this brief Drama in the flesh –
Is shifted – like a Sand –
When Figures show their royal Front –
And Mists – are carved away,

[214]

Salpica los Sombreros – más abajo –
Estanques rubicundos acumula –
Y luego – se remansa como Rosa –
Sobre Ruedas Bermejas –

657

Vivo en la Posibilidad –
Más agradable Casa que la Prosa –
Con muchas más Ventanas –
Superior – por sus Puertas –

De Estancias cual los Cedros –
Inexpugnable al Ojo –
Y por Eterno Techo
Los Tejados del Cielo –

De Visitantes – la mejor –
Para ser Ocupada – Ésta –
El extender de mis estrechas Manos
Para abarcar el Paraíso –

664

De todas las Almas que han sido creadas –
Yo he elegido – Una –
Cuando el Sentido – se clasifica aparte – del Espíritu –
Y el Subterfugio – acaba –
Cuando aquello que es – y lo que fue –
Permanecen – intrínsecos – aparte –
Y el breve Drama de la carne –
Se aventa – como Arena –
Cuando las Siluetas muestran su Frente real –
Y las Brumas – se tallan en el aire,

Behold the Atom – I preferred –
To all the list of Clay!

c. 1862   *1891*

668

«Nature» is what we see –
The Hill – the Afternoon –
Squirrel – Eclipse – the Bumble bee –
Nay – Nature is Heaven –
Nature is what we hear –
The Bobolink – the Sea –
Thunder – the Cricket –
Nay – Nature is Harmony –
Nature is what we know –
Yet have no art to say –
So impotent Our Wisdom is
To her Simplicity.

c. 1863   *1914*

670

One need not be a Chamber – to be Haunted –
One need not be a House –
The Brain has Corridors – surpassing
Material Place –

Far safer, of a Midnight Meeting
External Ghost
Than its interior Confronting –
That Cooler Host.

Far safer, through an Abbey gallop,
The Stones a'chase –

¡Prefiero – contemplar el Átomo –
A todos los catálogos de Arcilla!

668

«Naturaleza» es lo que vemos –
La Colina – la Tarde –
Ardilla – Eclipse – el Abejorro –
No – Naturaleza es Cielo –
Naturaleza es lo que oímos –
El Chambergo* – la Mar –
El Grillo – el Trueno –
No – Naturaleza es Armonía –
Naturaleza es lo que conocemos –
Aunque nos falta el arte de decirlo –
Pues es Nuestro Saber tan impotente
Ante su Sencillez.

670

No hay que ser una Estancia – para estar Encantado –
No hay que ser una Casa –
Los Corredores del Cerebro – exceden
El Lugar Material –

Y más seguro para un encuentro a Media Noche
El Fantasma exterior
Que su interior haciendo Frente –
Al Frío Huésped.

Y mucho más seguro, al galopar una Abadía,
La caza de las Losas –

---

* *Bobolink* (v. 6), que yo traduzco por chambergo, era uno de los pájaros pre-
feridos por la poetisa. Muy común en las praderas norteamericanas a las que regresa en primavera, tras haber pasado el invierno en el cálido sur. *(N. del T.)*

Than Unarmed, one's a'self encounter –
In lonesome Place –

Ourself behind ourself, concealed –
Should startle most –
Assassin hid in our Apartment
Be Horror's least.

The Body – borrows a Revolver –
He bolts the Door –
O'erlooking a superior spectre –
Or More –

c. 1863   *1891*

674

The Soul that hath a Guest
Doth seldom go abroad –
Diviner Crowd at Home –
Obliterate the need –

And Courtesy forbid
A Host's departure when
Upon Himself be visiting
The Emperor of Men –

1863   *1914*

675

Essential Oils – are wrung –
The Attar from the Rose
Be not expressed by Suns – alone –
It is the gift of Screws –

The General Rose – decay –
But his – in Lady's Drawer

[218]

Que encontrarse a uno mismo Desarmado –
En Sitio solitario –

El yo detrás del yo, escondido –
Nos asustara mucho –
El Asesino oculto en nuestra Casa
Menos Horror sería.

El Cuerpo toma prestado – un Revólver –
Canda la Puerta –
Olvidando un espectro superior –
O Más –

674

El Alma que tiene Huésped
Raramente viaja –
Pues la Divina Multitud de Casa –
Esta necesidad anula –

Y la Cortesía prohíbe
Que el Anfitrión se marche
Cuando está de visita
El Emperador de los Hombres –

675

Los aceites Esenciales – se extraen –
De la Rosa el Perfume
No exprimirán los Soles – sólo –
Es el don de las Tuercas –

La Rosa Corriente – se aja –
Más ésta – en el Cajón de Dama

Make Summer – When the Lady lie
In Ceaseless Rosemary –

c. 1863   1891

677

To be alive – is Power –
Existence – in itself –
Without a further function –
Omnipotence – Enough –

To be alive – and Will!
'Tis able as a God –
The Maker – of Ourselves – be what –
Such being Finitude!

c. 1863   1914

684

Best Gains – must have the Losses' Test –
To constitute them – Gains –

c. 1863   1891

685

Not «Revelation» 'tis – that waits,
But our unfurnished eyes –

c. 1863   1891

Hace Verano – Cuando la Dama yace
En Perenne Romero –

677

Estar vivo – es Poder –
La Existencia – en sí misma –
Sin función ulterior –
Omnipotencia – Suficiente –

Estar vivo – ¡y Querer!
Es capaz como un Dios –
¡Que sea – Nuestro Creador –
Ese ser Finitud!

684

Las mejores Ganancias – deben pasar la Prueba de la Pérdida ·
Para constituirse en – Ganancias –

685

No es el «Apocalipsis»* – lo que aguarda,
Sino nuestros desguarnecidos ojos –

---

* *Revelation* (v. 1) se refiere a *The Book of* ..., es decir, al libro del Apocalipsis de San Juan. Según confiesa la propia Emily Dickinson en la segunda carta a su mentor Thomas Wentworth Higginson, ésta era una de sus lecturas favoritas en prosa, en la versión de la Biblia del *King James,* que era la que ella manejaba. (Ver edición de las cartas de Johnson, vol. II, pág. 404.) *(N. del T.)*

They say that «Time assuages» –
Time never did assuage –
An actual suffering strengthens
As Sinews do, with age –

Time is a Test of Trouble –
But not a Remedy –
If such it prove, it prove too
There was no Malady –

c. 1863   *1896*

692

The Sun kept setting – setting – still
No Hue of Afternoon –
Upon the Village I perceived –
From House to House 'twas Noon –

The Dusk kept dropping – dropping – still
No Dew upon the Grass –
But only on my Forehead stopped –
And wandered in my Face –

My Feet kept drowsing – drowsing – still
My fingers were awake –
Yet why so little sound – Myself
Unto my Seeming – make?

How well I knew the Light before –
I could see it now –
'Tis Dying – I am doing – but
I'm not afraid to know –

c. 1863   *1890*

Dicen que «El Tiempo cura» –
Pero nunca ha curado –
Un sufrimiento real se hace más tenso
Como sucede a los Tendones con la edad –

El Tiempo es la Prueba del Desasosiego –
Mas no el Remedio –
Y si tal cosa prueba, también prueba
Que no hubo Enfermedad –

El Sol se iba poniendo – poniendo – y sin embargo –
No percibía yo en el Pueblo –
Ni un Matiz de la Tarde –
De Casa en Casa, el pleno Mediodía –

El Crepúsculo caía – caía – y sin embargo
No había Rocío en la Hierba –
Sólo en mi Frente se paraba –
Recorriéndome el Rostro –

Los Pies se me dormían – dormían – sin embargo
Tenía los dedos despiertos –
¿Por qué tan poco ruido – Yo
Hacía – en mi Apariencia?

Antes, bien conocía yo la luz –
Y la veía ahora –
Es Morir – lo que ahora estoy haciendo –
Mas no temo saberlo –

As if the Sea should part
And show a further Sea –
And that – a further – and the Three
But a presumption be –

Of Periods of Seas –
Unvisited of Shores –
Themselves the Verge of Seas to be –
Eternity – is Those –

c. 1863   *1929*

709

Publication – is the Auction
Of the Mind of Man –
Poverty – be justifying
For so foul a thing

Possibly – but We – would rather
From Our Garret go
White – Unto the White Creator –
Than invest – Our Snow –

Thought belong to Him who gave it –
Then – to Him Who bear
Its Corporeal illustration – Sell
The Royal Air –

In the Parcel – Be the Merchant
Of the Heavenly Grace –
But reduce no Human Spirit
To Disgrace of Price –

c. 1863   *1929*

Como si el Mar se dividiera
Y mostrase otro Mar más allá –
Y ése – uno más – y el Tercero
No fuera sino suposición –

De Periodos de Mares –
No visitados por las Playas –
Ellos mismos el Margen de otros Mares –
Eternidd – es Eso –

La Publicación – es la Subasta
De la Mente del Hombre –
La Pobreza – justificaría
Una cosa tan vil

Quizá – pero Nosotros – preferiríamos
Ir desde Nuestro Desván
Blancos – Al Blanco Creador –
A invertir – Nuestra Nieve –

El Pensamiento pertenece a Aquel que le dio –
Luego – a Aquel Que soporta
Su Corpórea expresión – a aquel que Vende
El Aire Real –

En su Envoltorio – Sé el Mercader
De la Gracia Divina –
Mas no rebajes el Humano Espíritu
Al Bochorno del Precio –

Because I could not stop for Death –
He kindly stopped for me –
The Carriage held but just Ouerselves –
And Immortality.

We slowly drove – He knew no haste
And I had put away
My labor and my leisure too,
For His Civility –

We passed the School, where Children strove
At Recess – in the Ring –
We passed the Fields of Gazing Grain –
We passed the Setting Sun –

Or rather – He passed Us –
The Dews drew quivering and chill –
For only Gossamer, my Gown –
My Tippet – only Tulle –

We paused before a House that seemed
A Swelling of the Ground –
The Roof was scarcely visible –
The Cornice – in the Ground –

Since then – 'tis Centuries – and yet
Feels shorter than the Day
I first surmised the Horses' Heads
Were toward Eternity –

c. 1863   1890

The Day undressed – Herself –
Her Garter – was of Gold –

Porque a la Muerte yo esperar no pude –
Ella por mí esperó amablemente –
La Carroza albergaba a Nosotros tan sólo –
Y a la Inmortalidad.

Fuimos despacio – no conocía Ella la prisa
Y yo había apartado
Mi trabajo y mi ocio
Por Su Amabilidad –

Pasamos por la Escuela donde los Niños se afanaban
A la hora del Recreo – en el Patio –
Pasamos por los Campos de Grano todo Ojos –
Pasamos el Ocaso –

O mejor – Él Nos pasó a nosotros –
El Rocío caía frío y trémulo –
Pues de Gasa tan sólo mi Vestido –
Y mi Estola – de Tul –

Nos paramos enfrente de una Casa
Que parecía una Protuberancia sobre el Suelo –
Apenas el Tejado era visible –
La Cornisa – en el Suelo –

Desde entonces – Siglos – y sin embargo
Se hace más corto que aquel Día
En que advertí por vez primera
Que las Cabezas de aquellos Caballos
Apuntaban hacia la Eternidad –

716

Se ha desnudado el Día –
Su Liga – era de Oro –

Her Petticoat — of Purple plain —
Her Dimities — as old

Exactly — as the World —
And yet the newest Star —
Enrolled upon the Hemisphere
Be wrinkled — much as Her —

Too near to God — to pray —
Too near to Heaven — to fear —
The Lady of the Occident
Retired without a care —

Her Candle so expire
The flickering be seen
On Ball of Mast in Bosporus —
And Dome — and Window Pane —

c. 1863

1935

721

Behind Me — dips Eternity —
Before Me — Immortality —
Myself — the Term between —
Death but the Drift of Eastern Gray,
Dissolving into Dawn away,
Before the West begin —

'Tis Kingdoms — afterward — they say —
In perfect — pauseless Monarchy —
Whose Prince — is Son of None —
Himself — His Dateless Dynasty —
Himself — Himself diversify —
In Duplicate divine —

'Tis Miracle before Me — then —
'Tis Miracle behind — between —
A Crescent in the Sea —

Su Enagua – pura Púrpura –
Su Cotonía – tan vieja

Exactamente – como el Mundo –
Y sin embargo, la más reciente Estrella –
Que inscrita esté en el Hemisferio
Estará tan ajada – como Él –

Demasiado cerca de Dios – para rezar –
Demasiado cerca del Cielo – para temer –
La Dama de Occidente
Se retiró sin miedo –

Expira su Candela de tal modo
Que se ha de ver el parpadeo
En la Bola del Mástil en el Bósforo –
En la Cúpula – y en el Cristal de la Ventana –

721

Detrás de Mí – la Eternidad desciende –
Ante Mí – la Inmortalidad –
Yo – el Límite entre ambas –
La Muerte, apenas el Impulso Gris del Este,
Que se disuelve al Alba,
Antes de que el Oeste empiece –

Hay Reinos – después – dicen –
En perfecta – incesante Monarquía –
Cuyo Príncipe – no es Hijo de Nadie –
Él mismo – Su propia Dinastía sin Fecha –
Él mismo – Su propia Diversidad –
En Dúplice divino –

Hay Milagro ante Mí – entonces –
Milagro detrás – y en medio –
Un Creciente en el Mar –

With Midnight to the North of Her –
And Midnight to the South of Her –
And Maelstrom – in the Sky –

c. 1863   *1929*

724

It's easy to invent a Life –
God does it – every Day –
Creation – but the Gambol
Of His Authority –

It's easy to efface it –
The thrifty Deity
Could scarce afford Eternity
To Spontaneity –

The Perished Patterns murmur –
But His Perturbless Plan
Proceed – inserting Here – a Sun –
There – leaving out a Man –

1863   *1929*

725

Where Thou art – that – is Home –
Cashmere – or Calvary – the same –
Degree – or Shame –
I scarce esteem Location's Name –
So I may Come –

What Thou dost – is Delight –
Bondage as Play – be sweet –
Imprisonment – Content –
And Sentence – Sacrament –
Just We two – meet –

Con Medianoche a Su Norte –
Y Medianoche a Su Sur –
Y un Remolino – en el Cielo –

724

Es fácil inventarse una Vida –
Dios lo hace – a Diario –
La Creación – no es más que el Juego
De Su Autoridad –

Es fácil desfigurarlo –
La avara Deidad
Apenas si podría proporcionar Eternidad
A la Espontaneidad –

Los Modelos Caducos murmuran –
Mas su Designio Imperturbable
Prosigue – insertando Aquí – un Sol –
Allí – omitiendo un Hombre –

725

Allí donde Tú estás – está mi Casa –
Cachemira – o Calvario – da lo mismo –
Vergüenza – o Rango –
Apenas si valoro el Nombre del Lugar –
Con tal de que yo Vaya –

Lo que Haces – es Deleite –
El Cautiverio como Juego – amable –
La Prisión – un Contento –
Y la Sentencia – Sacramento –
Cumplido – en Nuestro encuentro –

Where Thou art not – is Woe –
Tho' Bands of Spices – row –
What Thou dost not – Despair –
Tho' Gabriel – praise me – Sir –

c. 1863   *1929*

730

Defrauded I a Butterfly –
The lawful Heir – for Thee –

c. 1863   *1929*

732

She rose to His Requirement – dropt
The Playthings of Her Life
To take the honorable Work
Of Woman, and of Wife –

If ought She missed in Her new Day,
Of Amplitude, or Awe –
Or first Prospective – Or the Gold
In using, wear away,

It lay unmentioned – as the Sea
Develop Pearl, and Weed,
But only to Himself – be known
The Fathoms they abide –

c. 1863   *1890*

737

The Moon was but a Chin of Gold
A Night or two ago –
And now she turns Her perfect Face
Upon the World below –

Y donde Tú no estás – es Aflicción
Aunque Bandas de Especias – boguen –
Lo que Tú no haces – Desesperación –
Aunque Gabriel – Señor – me alabe –

730

Yo defraudé a una Mariposa –
La Heredera Legítima – por Ti –

732

Acudió a Su Llamada – abandonó
Los Juegos de Su Vida
Para aceptar el honroso Trabajo
De Mujer y de Esposa –

Y si algo echó de menos en ese nuevo Día,
De Amplitud o de Espanto –
O primera Esperanza – O si el Oro
Al usarse se gasta,

Quedó sin mencionar – lo mismo que en el Mar
Crece el Alga y la Perla,
Mas sólo Él – sabe
De las Profundidades donde habitan –

737

La Luna no era más que una Barquilla de Oro
Hace una Noche o dos –
Y vuelve ahora Su perfecto Rostro
Hacia el Mundo de abajo –

Her Forehead is of Amplest Blonde –
Her Cheek – a Beryl hewn –
Her Eye unto the Summer Dew
The likest I have known –

Her Lips of Amber never part –
But what must be the smile
Upon Her Friend she could confer
Were such Her Silver Will –

And what a privilege to be
But the remotest Star –
For Certainty She take Her Way
Beside Your Palace Door –

Her Bonnet is the Firmament –
The Universe – Her Shoe –
The Stars – the Trinkets at Her Belt –
Her Dimities – of Blue –

c. 1863   *1896*

747

It dropped so low – in my Regard –
I heard it hit the Ground –
And go to pieces on the Stones
At bottom of my Mind –

Yet blamed the Fate that flung it – *less*
Than I denounced Myself,
For entertaining Plated Wares
Upon my Silver Shelf –

c. 1863   *1896*

754

My Life had stood – a Loaded Gun –
In Corners – till a Day

[234]

Es su Frente del más Copioso Rubio –
Su Mejilla – tallada está en Berilo –
Y su Ojo es lo más parecido que yo he visto
Al Rocío Estival –

Nunca sus Labios de Ámbar se separan –
Mas cómo debe ser una sonrisa
Que a Su Amigo condena
Si así le place a Su Plateada Gana –

Y cómo el privilegio
De ser la Estrella más remota –
Con la Certeza de que haga Su Camino
Hasta la Puerta del Palacio Tuyo –

Es Su Tocado el Firmamento –
El Universo – Su Calzado –
Las Estrellas – las Cuentas de su Cíngulo –
Sus Cotonías – el Azul –

747

Cayó tan hondo – ante mis Ojos –
Lo oí que golpeaba contra el Suelo –
Y hacerse añicos en las Piedras
Del fondo de mi Mente –

Aunque culpé al Destino por haberlo tirado
Más me culpé a Mí Misma,
Por alojar Artículos Chapados
En mi Anaquel de Plata –

754

Mi Vida había permanecido – como un Arma Cargada –
En los Rincones – hasta el Día en que

The Owner passed – identified –
And carried Me away –

And now We roam in Sovereign Woods –
And now We hunt the Doe –
And every time I speak for Him –
The Mountains straight reply –

And do I smile, such cordial light
Upon the Valley glow –
It is as a Vesuvian face
Had let its pleasure through –

And when at Night – Our good Day done –
I guard My Master's Head –
'Tis better than the Eider-Duck's
Deep Pillow – to have shared –

To foe of His – I'm deadly foe –
None stir the second time –
On whom I lay a Yellow Eye –
Or an emphatic Thumb –

Though I than He – may longer live
He longer must – than I –
For I have but the power to kill,
Without – the power to die –

c. 1863   1929

761

From Blank to Blank –
A Threadless Way
I pusehd Mechanic feet –
To stop – or perish – or advance –
Alike indifferent –

If end I gained
It ends beyond

[236]

El Dueño pasó – se identificó –
Y Me llevó muy lejos –

Y vagamos ahora por Bosques Soberanos –
Y cazamos la Cierva –
Y cada vez que hablo por Él –
Responden prontas las Montañas –

Y si sonrío, una luz tan cordial
Sobre el Valle reluce –
Es igual que si un rostro de Vesubio
Hubiera derramado su placer –

Y cuando por la Noche – cumplido Nuestro Día –
La Cabeza de Mi Señor protejo –
Es mejor que el haber compartido
La Almohada Profunda de Pluma Suave –

De Su enemigo – soy mortal enemigo –
No se mueve dos veces –
Aquél sobre el que pongo mi Mirada Amarilla –
O mi Pulgar enérgico –

Aunque vivir pudiera – yo más que Él
Él debe vivir más –
Porque yo sólo tengo el poder de matar,
Sin – el poder de morir –

761

De Blanco en Blanco –
Un Camino sin Hilo
Pisé con pies Mecánicos –
Parar – perecer – o avanzar –
Del mismo modo indiferentes –

Si alcanzaba el final
Más allá terminaba

Indefinite disclosed –
I shut my eyes – and groped as well
'Twas lighter – to be Blind –

c. 1863

1929

762

The Whole if it came not at once –
'Twas Murder by degrees –
A Thrust – and then for Life a chance –
The Bliss to cauterize –

The Cat reprieves the Mouse
She eases from her teeth
Just long enough for Hope to tease –
Then mashes it to death –

'Tis Life's award – to die –
Contenteder if once –
Than dying half – then rallying
For consciouser Eclipse –

c. 1863

1945

766

My Faith is larger than the Hills –
So when the Hills decay –
My Faith must take the Purple Wheel
To show the Sun the way –

'Tis first He steps upon the Vane –
And then – upon the Hill –
And then abroad the World He go
To do His Golden Will –

And if His Yellow feet should miss –
The Bird would not arise –

Incierto desvelado —
Cerré los ojos — avanzando a tientas
Era más claro — el estar Ciego —

762

No vino Todo a un tiempo —
Era un Asesinato por etapas —
Una Puñalada — luego una oportunidad para la Vida
La Dicha de cauterizar —

El Gato da tregua al Ratón
Lo suelta de sus dientes
Justo lo suficiente para que juegue la Esperanza —
Y luego lo machaca hasta la muerte —

Morir — es el premio de la Vida —
Mejor si es de una vez —
Que no morir a medias — luego recuperarse
Para un Eclipse más consciente —

766

Mi Fe es mayor que las Montañas —
Así que cuando Ellas declinen —
Mi Fe debe tomar la Rueda Púrpura
Para mostrarle su camino al Sol —

Caminará primero sobre la Veleta —
Y luego — sobre la Colina —
Después se marchará fuera del Mundo
Para hacer su Dorada Voluntad —

Y si sus Amarillos pies erraran —
No se alzaría el Pájaro —

The Flowers would slumber on their Stems –
No Bells have Paradise –

How dare I, therefore, stint a faith
On which so vast depends –
Lest Firmament should fail for me –
The Rivet in the Bands

c. 1863   1929

790

Nature – the Gentlest Mother is,
Impatient of no Child –
The feeblest – or the waywardest –
Her Admonition mild –

In Forest – and the Hill –
By Traveller – be heard –
Restraining Rampant Squirrel –
Or too impetuous Bird –

How fair Her Conversation –
A Summer Afternoon –
Her Household – Her Assembly –
And when the Sun go down –

Her Voice among the Aisles
Incite the timid prayer
Of the minutest Cricket –
The most unworthy Flower –

When all the Children sleep –
She turns as long away
As will suffice to light Her lamps –
Then bending from the Sky –

With infinite Affection –
And infiniter Care –

Se dormirían las Flores en sus Tallos –
Y ninguna Campana tendría Paraíso –

Cómo me atrevo, pues, a limitar la fe
De la que tanta vastedad depende –
No vaya el Firmamento a soltar por mi culpa –
El Broche de los Lazos

790

La Naturaleza – es la Madre más Benévola,
Ningún Niño la impacienta –
Al más débil – o al más descarriado –
Su suave Reprimenda –

En Bosques – y Colinas –
La escuchará – el Viajero –
Frenando a la Rampante Ardilla –
O al Pájaro demasiado impetuoso –

Qué agradable es Su Conversación –
La Tarde de Verano –
Su Casa – Su Reunión –
Y cuando el Sol declina –

Su Voz entre las Naves
Provoca la tímida plegaria
Del más menudo Grillo –
De la Flor más corriente –

Cuando los Niños duermen –
Se aparta del camino
Tanto como haga falta para encender Sus luces –
Luego inclinándose desde lo alto del Cielo –

Con Afecto infinito –
E infinito Cuidado –

Her Golden finger on Her lip –
Wills Silence – Everywhere –

c. 1863

189?

791

God gave a Loaf to every Bird –
But just a Crumb – to Me –
I dare not eat it – tho' I starve –
My poignant luxury –

To own it – touch it –
Prove the feat – that made the Pellet mine –
Too happy – for my Sparrow's chance –
For Ampler Coveting –

It might be Famine – all around –
I could not miss an Ear –
Such Plenty smiles upon my Board –
My Garner shows so fair –

I wonder how the Rich – may feel –
An Indiaman – An Earl –
I deem that I – with but a Crumb –
Am Sovereign of them all –

c. 1863

189?

802

Time feels so vast that were it not
For an Eternity –
I fear me this Circumference
Engross my Finity –

To His exclusion, who prepare
By Processes of Size

Con el Dorado dedo en sus Labios –
El Silencio decreta – Por Doquier –

791

Dios le dio a cada Pájaro una Hogaza –
Y a Mí – sólo una Miga –
No me atrevo a comerla – aunque me muero de hambre –
Mi conmovedor lujo –

Poseerla – tocarla –
Probar la hazaña – que hizo mía la Pella –
Demasiado feliz – para mi suerte de Gorrión –
Para Mayores Ambiciones –

Podría estar rodeada – por el Hambre –
No perdería una Espiga –
De tal manera la Abundancia sonríe sobre mi Mesa –
Así lo muestra mi Granero –

Me pregunto cómo se sienten – los Ricos –
Los Indios – y Los Condes –
Creo que yo – con tan sólo una Miga –
De todos ellos soy la Soberana –

802

Da sensación de ser vasto el Tiempo, que si no fuera
Por una Eternidad –
Temo que esta Circunferencia
Mi Finitud absorba –

De Su exclusión, quien se prepare
Por los Procesos del Tamaño

For the Stupendous Vision
Of His diameters –

c. 1863

1935

804

No Notice gave She, but a Change –
No Message, but a Sigh –
For Whom, the Time did not suffice
That She should specify.

She was not warm, though Summer shone
Nor scrupulous of cold
Though Rime by Rime, the steady Frost
Upon Her Bosom piled –

Of shrinking ways – she did not fright
Though all the Village looked –
But held Her gravity aloft –
And met the gaze – direct –

And when adjusted like a Seed
In careful fitted Ground
Unto the Everlasting Spring
And hindered but a Mound

Her Warm return, if so she chose –
And We – imploring drew –
Removed our invitation by
As Some She never knew –

c. 1863

1935

813

This quiet Dust was Gentlemen and Ladies
And Lads and Girls –
Was laughter and ability and Sighing
And Frocks and Curls.

Para la Gran Visión
De Sus diámetros –

804

No avisó, sólo un Cambio –
Recado no dejó, sólo un Suspiro –
Por quién, el Tiempo no bastó
Para que lo dijese.

No tenía calor, aunque brillaba el Verano
Ni le importaba el frío
Aunque Helada sobre Helada, la Tozuda Escarcha
Se apilara en Su Pecho –

No tuvo miedo – de encogerse
Aunque mirase todo el Pueblo –
Su Gravedad sostuvo en alto –
Y miraba a los ojos – cara a cara –

Y cuando la ajustaron cual Semilla
En el Suelo dispuesto con cuidado
Hacia la Eterna Primavera
Y no era más que un Túmulo –

Su Cálido retorno, si así ella lo quisiera –
Y Nosotros – nos apartamos implorando –
Y retiramos nuestra invitación
Como si no nos conociera –

813

Este callado Polvo fue Damas y Caballeros
Muchachos y Muchachas –
Fue risa y habilidad y fue Suspiros
Y Vestidos y Bucles.

This Passive Place a Summer's nimble mansion
Where Bloom and Bees
Exists an Oriental Circuit
Then cease, like these –

c. 1864   1914

816

A Death blow is a Life blow to Some
Who till they died, did not alive become –
Who had they lived, had died but when
They died, Vitality begun.

c. 1864   1891

817

Given in Marriage unto Thee
Oh thou Celestial Host –
Bride of the Father and the Son
Bride of the Holy Ghost.

Other Betrothal shall dissolve –
Wedlock of Will, decay –
Only the Keeper of this Ring
Conquer Mortality –

c. 1864   1896

820

All Circumstances are the Frame
In which His Face is set –
All Latitudes exist for His
Sufficient Continent –

The Light His Action, and the Dark
The Leisure of His Will –

Este Lugar Pasivo, una mansión ligera de Verano
Donde Flores y Abejas
Vive un Ciclo Oriental
Luego cesan, como éstos –

816

Un golpe de Muerte es un golpe de Vida para Aquellos
Que hasta que no murieron, no se volvieron vivos –
Que si hubieran vivido, no habrían muerto sino
Cuando murieron, comenzó la Vida.

817

A Ti dada en Matrimonio
Oh tú Celeste Anfitrión –
Novia del Padre y del Hijo
Y del Espíritu Santo.

Otros Desposorios perecerán –
El Matrimonio de la Voluntad, se aja –
Sólo el Guardián de este Anillo
Conquista la Mortalidad –

820

Todas las Circunstancias son el Marco
En el cual ajustado está Su Rostro –
Todas las Latitudes existen por
Su capaz Continente –

Su Acción la Luz, y Oscuridad
Su Voluntad Ociosa –

In Him Existence serve or set
A Force illegible.

c. 1864   *1914*

825

An Hour is a Sea
Between a few, and me –
With them would Harbor be –

c. 1864   *1915*

829

Ample make this Bed –
Make this Bed with Awe –
In it wait till Judgment break
Excellent and Fair.

Be its Mattress straight –
Be its Pillow round –
Let no Sunrise' yellow noise
Interrupt this Ground –

c. 1864   *1891*

834

Before He comes we weigh the Time!
'Tis Heavy and'tis Light.
When He depart, an Emptiness
Is the prevailing Freight.

c. 1864   *1894*

Sirve en Él la Existencia o desarrolla
Una Fuerza ilegible.

825

Una Hora es un Mar
Entre algunos y yo —
Con ellos Puerto sería —

829

Haced amplia esta Cama —
Hacedla con Espanto —
Y en ella esperaréis hasta que el Juicio empiece
Justo y Magnífico.

Que el Colchón sea recto —
Y la Almohada redonda —
Y que el ruido amarillo de los Amaneceres
No perturbe este Suelo —

834

¡Antes de Su llegada, sopesamos el Tiempo!
Es Pesado y Ligero.
Cuando Él se marcha, un Vacío
Es la Carga que prevalece.

841

A Moth the hue of this
Haunts Candles in Brazil.
Nature's Experience would make
Our Reddest Second pale.

Nature is fond, I sometimes think,
Of Trinkets, as a Girl.

c. 1864   *1945*

861

Split the Lark – and you'll find the Music –
Bulb after Bulb, in Silver rolled –
Scantily dealt to the Summer Morning
Saved for your Ear when Lutes be old.

Loose the Flood – you shall find it patent –
Gush after Gush, reserved for you –
Scarlet Experiment! Sceptic Thomas!
Now, do you doubt that your Bird was true?

c. 1864   *1896*

864

The Robin for the Crumb
Returns no syllable
But long records the Lady's name
In Silver Chronicle.

c. 1864   *1945*

870

Finding is the first Act
The second, loss,

Una Mariposa con los tonos de ésta
Ronda las velas en Brasil.
La Experiencia de la Naturaleza haría
Empalidecer nuestro más Rojo Momento.

Naturaleza gusta, creo a veces,
Como una Niña, de las Chucherías.

Hiende la Alondra — y encontrarás la Música —
Cuenta tras Cuenta, enrollada en la Plata —
En la Mañana de Verano escasa
Reservada a tu Oído cuando el Laúd sea viejo.

Suelta el Diluvio — y se te hará patente —
Chorro tras Chorro, para ti reservado —
¡Experimento Púrpura! ¡Escéptico Tomás!
¿Y dudas de que el Pájaro sea cierto?

El Petirrojo por la Miga
No devuelve una sílaba
Pero recoge el nombre de la Dama
En Crónica de Plata.

El hallazgo es el Acto primero
El segundo, la pérdida,

Third, Expedition for
The «Golden Fleece»

Fourth, no Discovery –
Fifth, no Crew –
Finally, no Golden Fleece –
Jason – sham – too.

c. 1864   1945

873

Ribbons of the Year –
Multitude Brocade –
Worn to Nature's Party once

Then, as flung aside
As a faded Bead
Or a Wrinkled Pearl
Who shall charge the Vanity
Of the Maker's Girl?

c. 1864   1945

874

They won't frown always – some sweet Day
When I forget to tease –
They'll recollect how cold I looked
And how I just said «Please».

Then They will hasten to the Door
To call the little Girl
Who cannot thank Them for the Ice
That filled the lisping full.

1864   1896

El tercero, la Expedición en busca
Del «Vellocino de Oro»

El cuarto, el no Descubrimiento –
El quinto, la no Tripulación –
Sin Vellocino de Oro, finalmente –
Jasón – también – un fraude.

873

Los Lazos del Año –
Brocado de Plebe
Llevado una vez a la Fiesta de la Naturaleza

Luego, dejado a un lado
Cual Abalorio mustio
O Perla Ajada
¿Quién le reprochará la Vanidad
A la Niña del Creador?

874

No siempre fruncirán el ceño – algún amable Día
Cuando ya no bromee –
Recordarán cuán frío era mi aspecto
Y que tan sólo dije «Por favor».

Entonces, se precipitarán hacia la Puerta
Para llamar a la Niñita
Que no Les puede agradecer el Hielo
Que colmó el balbuceo.

875

I stepped from Plank to Plank
A slow and cautious way
The Stars about my Head I felt
About my Feet the Sea.

I knew not but the next
Would be my final inch –
This gave me that precarious Gait
Some call Experience.

c. 1864 1896

883

The Poets light but Lamps –
Themselves – go out –
The Wicks they stimulate –
If vital Light

Inhere as do the Suns –
Each Age a Lens
Disseminating their
Circumference –

c. 1864 1945

887

We outgrow love, like other things
And put it in the Drawer –
Till it an Antique fashion shows –
Like Costumes Grandsires wore.

c. 1864 1896

Puse el pie de una Tabla en otra Tabla
Era un camino cauteloso y lento
Sentía las Estrellas en torno a mi Cabeza
Y el Mar junto a mis Pies.

Sólo sabía que el siguiente
Sería mi último palmo –
De entonces tengo aquel Andar incierto
Que algunos llaman Experiencia.

883

Los poetas no encienden sino Lámparas –
Ellos mismos – se extinguen –
Avivados los Pábilos –
Si la Luz de la vida

De sí misma naciera cual los Soles –
Cada Edad una Lente
Que disemina su
Circunferencia –

887

Sobrevivimos al amor, como a otras cosas
Y en el Cajón lo guardamos –
Hasta que toma un aire Antiguo –
Como Trajes usados por los Grandes Señores.

I hide myself within my flower,
That fading from your Vase,
You, unsuspecting, feel for me –
Almost a loneliness.

c. 1864   *1890*

917

Love – is anterior to Life –
Posterior – to Death –
Initial of Creation, and
The Exponent of Earth –

c. 1864   *1896*

922

Those who have been in the Grave the longest –
Those who begin Today –
Equally perish from our Practise –
Death is the other way –

Foot of the Bold did least attempt it –
It – is the White Exploit –
Once to achieve, annuls the power
Once to communicate –

c. 1864   *1945*

943

A Coffin – is a small Domain,
Yet able to contain
A Citizen of Paradise
In its diminished Plane.

Yo dentro de mi flor me escondo,
Que al desaparecer de tu Jarrón,
Sientas por mí, sin sospecharlo –
Casi una soledad.

917

Es el Amor – anterior a la Vida –
Posterior – a la Muerte –
Inicial de la Creación, y
El Exponente de la Tierra –

922

Aquellos que han estado en la Tumba más tiempo –
Aquellos que Hoy empiezan –
Desaparecen por igual de nuestros Métodos –
La Muerte es el otro camino –

El Pie de los Audaces es el que menos intentó emprenderlo –
Es – la Hazaña Blanca –
Si se logra una vez, la facultad anula
De comunicación –

943

El Ataúd – es Heredad pequeña,
Aunque capaz de contener
A un Ciudadano del Paraíso
En su disminuida Superficie.

A Grave – is a restricted Breadth –
Yet ampler than the Sun –
And all the Seas He populates
And Lands He looks upon

To Him who on its small Repose
Bestows a single Friend –
Circumference without Relief –
Or Estimate – or End –

c. 1864   *1945*

954

The Chemical conviction
That Nought be lost
Enable in Disaster
My fractured Trust –

The Faces of the Atoms
If I shall see
How more the Finished Creatures
Departed me!

c. 1864   *1945*

986

A narrow Fellow in the Grass
Occasionally rides –
You may have met Him – did you not
His notice sudden is –

The Grass divides as with a Comb –
A spotted shaft is seen –
And then it closes at your feet
And opens further on –

La Tumba – es una Anchura reducida –
Y sin embargo, más amplia que el Sol –
Y los Mares que Él puebla
Y las Tierras que Él mira

Para Aquel que en su pequeño Reposo
Un solo Amigo otorga –
Circunferencia sin Relieve –
Ni Cálculo – ni Fin –

954

La Química certeza
De que Nada se pierde
Aliente en el Desastre
Mi rota Confianza –

Si alcanzara yo a ver
Los Rostros de los Átomos
¡Cuánto más lejos se me quedarían
Las Criaturas Terminadas!

986

Sobre la Hierba un Tipo flaco
Pasea en ocasiones –
Puedes habértelo encontrado – ¿no? –
Es repentina su presencia –

Y divide la Hierba como un Peine –
Parece un dardo moteado –
Que se cierra a tus pies
Y más allá se abre –

He likes a Boggy Acre
A Floor too cool for Corn —
Yet when a Boy, and Barefoot —
I more than once at Noon
Have passed, I thought, a Whip lash
Unbraiding in the Sun
When stooping to secure it
It wrinkled, and was gone —

Several of Nature's People
I know, and they know me —
I feel for them a transport
Of cordiality —

But never met this Fellow
Attended, or alone
Without a tighter breathing
And Zero at the Bone —

c. 1865   1866

998

Best Things dwell out of Sight
The Pearl — the Just Our Thought.

Most shun the Public Air
Legitimate, and Rare —

The Capsule of the Wind
The Capsule ot the Mind

Exhibit here, as doth a Burr —
Germ's Germ be where?

c. 1865   1945

Le gusta el Acre Pantanoso
Un Suelo demasiado fresco para el Grano –
Mas, de Niño y Descalzo –
Más de una vez al Mediodía
Pensé que había pasado un azote de Látigo
Destrenzándose al Sol
Y cuando me agachaba para atraparlo
Se plegaba y desaparecía –

A varias de las Gentes de la Naturaleza
Conozco y me conocen –
Siento por ellos emoción
De afecto –

Pero nunca a este Tipo me encontré
Sola o acompañada
Sin contener el aliento
Y en los Huesos el Cero –

998

Las Mejores Cosas residen fuera de la Vista
La Perla – lo Justo – Nuestro Pensamiento.

La Mayor parte evita el Aire Público
Raro y Legítimo –

La Cápsula del Viento
La Cápsula de la Mente

Aquí se muestra, como hace un Cardillo –
¿Dónde el Germen del Germen pueda estar?

1017

To die – without the Dying
And live – without the Life
This is the hardest Miracle
Propounded to Belief.

c. 1865   *1945*

1019

My Season's furthest Flower –
I tenderer commend
Because I found Her Kinsmanless,
A Grace without a Friend.

c. 1865   *1845*

1030

That Such have died enable Us
The tranquiller to die –
That Such have lived,
Certificate for Immortality.

c. 1865   *1896*

1032

Who is the East?
The Yellow Man
Who may be Purple if He can
That carries in the Sun.

Who is the West?
The Purple Man
Who may be Yellow if He can
That lets Him out again.

c. 1865   *1945*

1017

Morir – sin el Morirse
Y vivir – sin la Vida
Este es el más arduo Milagro
Que se propone a la Creencia.

1019

La más tardía Flor de mi Estación –
La elogio con ternura
Pues sin Parientes La encontré,
Gracia sin un Amigo.

1030

Que Tales hayan muerto Nos permite
Morirnos más tranquilos –
Que hayan vivido,
Certificado de Inmortalidad.

1032

¿Quién es el Oriente?
El Hombre Amarillo
Que Púrpura sería si pudiera
Y que acarrea el Sol.

¿Quién es el Occidente?
El Hombre Púrpura
Que Amarillo sería si pudiera
Que Lo suelta de nuevo.

1035

Bee! I'm expecting you!
Was saying Yesterday
To Somebody you know
That you were due –

The Frogs got Home last Week –
Are settled, and at work –
Birds, mostly back –
The Clover warm and thick –

You'll get my Letter by
The seventeenth; Reply
Or better, be with me –
Yours, Fly.

c. 1865   *1945*

1052

I never saw a Moor –
I never saw the Sea –
Yet know I how the Heather looks
And what a Billow be.

I never spoke with God
Nor visited in Heaven –
Yet certain am I of the spot
As if the Checks were given –

c. 1865   *1890*

1065

Let down the Bars, Oh Death –
The tired Flocks come in
Whose bleating ceases to repeat
Whose wandering is done –

[264]

1035

¡Abeja! ¡Te estoy esperando!
Ayer yo le decía
A Alguien que tú conoces
Que estabas al llegar —

Las Ranas volvieron la Semana pasada —
Ya están instaladas y están trabajando —
Casi todos los Pájaros, de vuelta —
El Trébol, cálido y espeso —

Te llegará mi Carta
Alrededor del diecisiete; Contesta
O mejor, ven conmigo —
Tuya, la Mosca.

1052

Nunca vi un Páramo —
Nunca vi el Mar —
Mas sé cómo es el Brezo
Y cómo el Oleaje pueda ser.

Nunca con Dios hablé
Ni visité los Cielos —
Aunque estoy tan segura del lugar
Como si dieran Planos —

1065

Retira los Barrotes, Muerte —
Y que pasen los cansados Rebaños
Cuyos balidos ya no se repiten
Cuyo vagar ha terminado —

Thine is the stillest night
Thine the securest Fold
Too near Thou art for seeking Thee
Too tender, to be told.

c. 1865   1891

1066

Fame's Boys and Girls, who never die
And are too seldom born –

c. 1865   1945

1069

Paradise is of the option.
Whosoever will
Own in Eden notwithstanding
Adam and Repeal.

c. 1866   1931

1071

Perception of an object costs
Precise the Object's loss –
Perception in itself a Gain
Replying to its Price –

The Object Absolute – is nought –
Perception sets it fair
And then upbraids a Perfectness
That situates so far –

c. 1866   1914

Es la Tuya la noche más serena
El Tuyo el Redil más seguro
Demasiado cercana estás para buscarte
Y demasiado tierna para ser contada.

1066

Los Hijos y las Hijas de la Fama, que nunca mueren
Y demasiado raramente nacen –

1069

El Paraíso es de la opción.
Cualquiera poseerá
Parte del Paraíso a pesar de
Adán y la Expulsión.

1071

La Percepción de un objeto cuesta
Precisamente la pérdida del Objeto –
La Percepción en sí una Ganancia
Que responde a su Precio –

El Objeto Absoluto – no es nada –
La Percepción lo pone en claro
Y luego le reprocha una Perfección
Que se sitúa tan lejos –

1072

Title divine – is mine!
The Wife – without the Sign!
Acute Degree – conferred on me –
Empress of Calvary!
Royal – all but the Crown!
Betrothed – without the swoon
God sends us Women –
When you – hold – Garnet to Garnet –
Gold – to Gold –
Born – Bridalled – Shrouded –
In a Day –
Tri Victory
«My Husband» – women say –
Stroking the Melody –
Is *this* – the way?

c. 1862   1924

1084

At Half past Three, a single Bird
Unto a silent Sky
Propounded but a single term
Of cautious melody.

At Half past Four, Experiment
Had subjugated test
And lo, Her silver Principle
Supplanted all the rest.

At Half past Seven, Element
Nor Implement, be seen –
And Place was where the Presence was
Circumference between.

c. 1866   1891

¡El mío – es Título divino!
¡La Esposa – sin el Signo!
Agudo Grado – el que me han conferido –
¡Emperatriz del Calvario!
¡Real – en todo menos en la corona!
Desposada – sin desvanecimiento
Dios nos envía a las Mujeres –
Cuando tú – sostienes – Granate con Granate –
Oro – con Oro –
Nacida – Casada – Amortajada –
En un Día –
Triple Victoria
«Mi Esposo» – dicen las mujeres –
Marcando la Melodía –
¿Es *este* – el camino?

1084

A las Tres y Media, un Pájaro solo
A un Cielo silente
Le propuso un plazo
De prudente música.

A las Cuatro y Media, el Experimento
A la prueba había dominado
Y he aquí el resultado, Su Principio de plata
Suplantó lo demás.

A las Siete y Media, el Elemento
No el Instrumento, se veía –
El Sitio estaba donde estaba la Presencia
Y la Circunferencia en medio.

1095

To Whom the Mornings stand for Nights,
What must the Midnights – be!

c. 1866   1935

1099

My Cocoon tightens – Colors tease –
I'm feeling for the Air –
A dim capacity for Wings
Demeans the Dress I wear –

A power of Butterfly must be –
The Aptitude to fly
Meadows of Majesty implies
And easy Sweeps of Sky –

So I must baffle at the Hint
And cipher at the Sign
And make much blunder, if at last
I take the clue divine –

c. 1866   1890

1100

The last Night that She lived
It was a Common Night
Except the Dying – this to Us
Made Nature different

We noticed smallest things –
Things overlooked before
By this great light upon our Minds
Italicized – as 'twere.

As We went out and in
Between Her final Room

1095

Para Quien las Mañanas son las Noches,
¡Lo que debe de ser la Medianoche!

1099

Mi Capullo se estrecha — los Colores molestan —
Busco a tientas el Aire —
Una tenue capacidad de Alas
Degrada mi Vestido —

Un poder debe ser de Mariposa —
La Aptitud de volar
Prados de Majestad implica
y fáciles Trechos de Cielo —

Así que debo desconcertarme ante el Indicio
Y calcular la Seña
Y cometer errores, si al final
Alcanzo la clave divina —

1100

La última Noche que Ella estuvo viva
Fue una Noche Corriente
Excepto por la Muerte — esto para Nosotros
A la Naturaleza hizo distinta

En las pequeñas cosas reparamos —
Cosas que antes pasábamos por alto
Por esta enorme luz sobre nuestras Cabezas
Subrayadas — estaban.

Al entrar o al salir
Entre Su Habitación final

And Rooms where Those to be alive
Tomorrow were, a Blame

That Others could exist
While She must finish quite
A Jealousy for Her arose
So nearly infinite –

We waited while She passed –
It was a narrow time –
Too jostled were Our Souls to speak
At length the notice came.

She mentioned, and forgot –
Then lightly as a Reed
Bent to the Water, struggled scarce –
Consented, and was dead –

And We – We placed the Hair –
And drew the Head erect –
And then an awful leisure was
Belief to regulate –

c. 1866   1890

1101

Between the form of Life and Life
The difference is as big
As Liquor at the Lip between
And Liquor in the Jug
The latter – excellent to keep –
But for ecstatic need
The corkless is superior –
I know for I have tried

c. 1866   1945

Y las Habitaciones donde estaban
Los que mañana vivirían, una Culpa

Que otros pudieran existir
Mientras ella debiera terminar
Unos Celos por Ella aparecieron
Casi infinitos –

Nosotros esperamos mientras Ella se iba –
Y fue un angosto tiempo –
Demasiado agitadas estaban Nuestras Almas para hablar
Y llegó la noticia finalmente.

Ella mencionó algo y después se olvidó –
Luego ligera como el Junco
Se inclinó sobre el Agua, hizo un pequeño esfuerzo –
Consintió y se murió –

Y Nosotros – Nosotros colocamos el Pelo –
Y pusimos erguida la Cabeza –
Vino después un espantoso ocio
A ordenar la creencia –

1101

Entre la forma de la Vida y la Vida
La diferencia es tanta
Como el Licor entre los Labios
Y el Licor en la Jarra
Excelente para guardar – la última –
Pero en caso de éxtasis
Lo mejor es sin corcho –
Lo sé pues lo he probado

1114

The largest Fire ever known
Occurs each Afternoon –
Discovered is without surprise
Proceeds without concern –
Consumes and no report to men
An Occidental Town,
Rebuilt another morning
To be burned down again.

c. 1864   *1914*

1126

Shall I take thee, the Poet said
To the propounded word?
Be stationed with the Candidates
Till I have finer tried –

The Poet searched Philology
And when about to ring
For the suspended Candidate
There came unsummoned in –

That portion of the Vision
The World applied to fill
Not unto nomination
The Cherubim reveal –

c. 1868   *1945*

1127

Soft as the massacre of Suns
By Evening's Sabres slain

c. 1868   *1945*

1114

El Incendio más grande conocido
Ocurre cada Tarde –
Sin extrañeza se descubre
Se extiende sin alarma –
Arrasa y no informa a los hombres
Una Ciudad Occidental,
Reconstruida otra mañana
Para ser incendiada nuevamente.

1126

¿He de tomarte?, preguntó el Poeta
A la palabra que se proponía
Ponte en la fila de las Candidatas
Hasta que haya probado con esmero –

Y rebuscó el Poeta en la Filología
Y cuando estaba a punto de llamar
A la suspensa Candidata
Apareció sin ser llamada –

Esta parte de la Visión
Ansió llenar el Mundo
No en la nominación
Se revela el Querube –

1127

Suave cual la masacre de los Soles
Por Sables de la Tarde asesinados

1129

Tell all the Truth but tell is slant —
Success in Circuit lies
Too bright for our infirm Delight
The Truth's superb surprise
As Lightning to the Children eased
With explanation kind
The Truth must dazzle gradually
Or every man be blind —

c. 1868   *1945*

1138

A Spider sewed at Night
Without a Light
Upon an Arc of White.

If Ruff it was of Dame
Or Shroud of Gnome
Himself himself inform.

Of Immortality
His Strategy
Was Physiognomy.

c. 1869   *1891*

1142

The Props assist the House
Until the House is built
And then the Props withdraw
And adequate, erect,
The House support itself
And cease to recollect
The Auger and the Carpenter —
Just such a retrospect

1129

Di toda la Verdad pero dila sesgada
El éxito se encuentra en el Rodeo
Demasiado brillante para nuestro enfermizo Deleite
Es la soberbia sorpresa de la Verdad
Como se facilita el Relámpago a los Niños
Con una explicación amable
La Verdad debe deslumbrar poco a poco
O ciegos quedarán todos los hombres –

1138

Una Araña cosía por la Noche
Sin Luz
Sobre un Arco de Blanco.

Si Gola era de Dama
O Sudario de Gnomo
Se lo dice a sí misma.

Su Estrategia
Era Fisiognomía
De la Inmortalidad.

1142

Los Puntales asisten a la Casa
Hasta que queda construida
Y luego se retiran
Y segura y erecta
Se soporta a sí misma
Y nunca más recuerda
Taladro y Carpintero –
Justamente una tal retrospectiva

Hath the perfected Life –
A past of Plank and Nail
And slowness – then the Scaffolds drop
Affirming it a Soul.

c. 1863   *1914*

1146

When Etna basks and purrs
Naples is more afraid
Than when she shows her Garnet Tooth –
Security is loud –

c. 1869   *1914*

1147

After a hundred years
Nobody knows the Place
Agony that enacted there
Motionless as Peace

Weeds triumphant ranged
Strangers strolled and spelled
At the lone Orthography
Of the Elder Dead

Winds of Summer Fields
Recollect the way –
Instinct picking up the Key
Dropped by memory –

c. 1869   *1891*

1158

Best Witchcraft is Geometry
To the magician's mind –

Tiene la Vida que se ha perfeccionado –
Un pasado de Clavos y de Tablas
Y lentitud – luego el Andamio cae
Al Alma reafirmando.

1146

Si el Etna toma el sol y ronronea
Nápoles tiene más miedo
Que cuando enseña su Granate Diente –
La Seguridad da voces –

1147

Y después de cien años
Nadie conoce el Sitio
De la agonía allí representada
Como la Paz, inmóvil

Los hierbajos triunfantes se extendieron
Extraños deambularon y deletrearon
La Solitaria Ortografía
De los Antepasados

Los Vientos de los Campos Estivales
Recuerdan el camino –
Pues el Instinto recoge la Llave
Que la memoria se dejó caer –

1158

El mejor sortilegio es Geometría
Para el mago –

His ordinary acts are feats
To thinking of mankind.

c. 1870   *1932*

1190

The Sun and Fog contested
The Government of Day –
The Sun took down Yellow Whip
And drove the Fog away –

c. 1871   *1945*

1212

A word is dead
When it is said,
Some say.

I say it just
Begins to live
That day.

1872?   *1894*

1213

We like March.
His Shoes are Purple –
He is new and high –
Makes he Mud for Dog and Peddler,
Makes he Forests dry.
Knows the Adder Tongue his coming
And presents her Spot –
Stands the Sun so close and mighty
That our Minds are hot.

Sus actos cotidianos son proezas
Para el pensar humano.

1190

Niebla y Sol disputaban
El Gobierno del Día –
Descolgó el Sol su Látigo Amarillo
Y a la Niebla ahuyentó –

1212

Una palabra muere
Cuando se dice,
Dicen algunos.

Digo que justamente
Ella empieza a vivir
En ese día.

1213
(Versión de 1872)

Nos gusta Marzo.
Sus Zapatos son Púrpura –
Es alto y joven –
Prepara el Lodo para el perro y el Buhonero,
Reseca el Bosque.
La Lengua de la Víbora conoce su llegada
Y le ofrece su mancha –
El Sol está tan cerca y poderoso
Que nuestras Mentes se calientan.

News is he of all the others –
Bold it were to die
With the Blue Birds exercising
On his British Sky.

version of 1872   1955

1220

Of Nature I shall have enough
When I have entered these
Entitled to a Bumble bee's
Familiarities.

c. 1872   1945

1222

The Riddle we can guess
We speedily despise –
Not anything is stale so long
As Yesterday's surprise –

c. 1870   1945

1234

If my Bark sink
'Tis to another sea –
Mortality's Ground Floor
Is Immortality –

c. 1872   1945

1242

To flee from memory
Had we the Wings
Many would fly

Noticia es él de todos los demás –
Morir sería temerario
Con el Pájaro Azul ejercitándose
En su Cielo Británico.

1220

Tendré bastante de la Naturaleza
Cuando haya entrado en estas
Que tiene por derecho el Abejorro
Intimidades.

1222

El Enigma que adivinamos
Lo despreciamos enseguida –
Nada es rancio durante tanto tiempo
Como lo es la sorpresa de la Víspera –

1234

Si Mi Barquilla se hunde
Es hacia otro mar –
La Planta Baja de la Mortalidad
Es la Inmortalidad –

1242

Para huir de la memoria
Si las Alas tuviéramos
Volaríamos muchos

Inured to slower things
Birds with surprise
Would scan the cowering Van
Of men escaping
From the mind of man

c. 1872 1945

1246

The Butterfly in honored Dust
Assuredly will lie
But none will pass the Catacomb
So chastened as the Fly –

c. 1873 1915

1250

White as an Indian Pipe
Red as a Cardinal Flower
Fabulous as a Moon at Noon
February Hour –

c. 1873 1932

1251

Silence is all we dread.
There's Ransom in a Voice –
But Silence is Infinity.
Himself have not a face.

1873 1932

Acostumbrados a cosas más lentas
Pájaros sorprendidos
Escudriñarían la amedrentada Caravana
De los hombres que escapan
De la mente del hombre

1246

La Mariposa en respetado Polvo
Sin duda yacerá
Mas nadie pasará la Catacumba
Tan sometido como la Mosca —

1250

Blanca como una Pipa India*
Roja como una Flor Cardenalicia
Fabulosa cual Luna al Mediodía
La Hora de Febrero —

1251

El Silencio es todo lo que tememos.
La Voz es el Rescate —
Pero el Silencio es Infinito.
Él carece de rostro.

---

* *Indian Pipe*, en el primer verso, es el nombre de una flor americana, cuyo color y forma recuerda las pipas de arcilla de las tribus indias; de ahí su nombre. Era una flor muy apreciada por Emily Dickinson y por eso la primera edición de los *Poems*, de 1890 llevaba una encuadernación en gris plata y blanco, con unas (Indian Pipes» diseñadas por Mabel Loomis Todd, amiga de la poetisa, antóloga y editora de esa primera edición. *(N. del T.)*

1261

A Word dropped careless on a Page
May stimulate an eye
When folded in perpetual seam
The Wrinkled Maker lie

Infection in the sentence breeds
We may inhale Despair
At distances of Centuries
From the Malaria —

c. 1873   *1947*

1263

There is no Frigate like a Book
To take us Lands away
Nor any Coursers like a Page
Of prancing Poetry —
This Traverse may the poorest take
Without oppress of Toll —
How frugal is the Chariot
That bears the Human soul.

c. 1873   *1894*

1270

Is Heaven a Physician?
They say that He can heal —
But Medicine Posthumous
Is unavailable —
Is Heaven an Exchequer?
They speak of what we owe —
But that negotiation
I'm not a Party to —

c. 1873   *1891*

1261

La Palabra dejada con descuido en la Página
Puede avivar el ojo
Cuando doblado en arruga perpetua
El Hacedor Ajado yace

El contagio en la frase se incuba
Podemos inhalar la Desesperación
A distancia de Siglos
De la Malaria —

1263

No hay Fragata como un Libro
Para llevarnos a lejanas Tierras
Ni Corceles cual la Página
En Briosa Poesía —
Esta Travesía puede hacerla el más pobre
Sin agobio de Portazgo —
Qué frugal es el Carro
Que lleva al alma Humana.

1270

¿Es que es Médico el Cielo?
Dicen que cura —
Pero la Medicina Póstuma
No es asequible —
¿Es que el Cielo es el Fisco?
Hablan de lo que debemos —
Pero en negociación así
Yo no soy Parte —

1271

September's Baccalaureate
A combination is
Of Crickets – Crows – and Retrospects
And a dissembling Breeze

That hints without assuming –
An Innuendo sear
That makes the Heart put up its Fun
And turn Philosopher.

c. 1873   *1892*

1275

The Spider as an Artist
Has never been employed –
Though his surpassing Merit
Is freely certified

By every Broom and Bridget
Throughout a Christian Land –
Neglected Son of Genius
I take thee by the Hand –

c. 1873   *1896*

1298

The Mushroom is the Elf of Plants –
At Evening, it is not –
At Morning, in a Truffled Hut
It stop upon a Spot

As if it tarried always
And yet its whole Career
Is shorter than a Snake's Delay
And fleeter than a Tare –

1271

Es la Licenciatura de Septiembre
Una combinación
De Grillos – Grajos – y Retrospectivas
Y una Brisa embozada

Que insinúa y no asume –
Agudeza marchita
Por la que el Corazón se inclina por la Broma
Y se vuelve Filósofo.

1275

La Araña como Artista
Nunca ha sido empleada –
Aunque su Mérito sin par
Está abundantemente atestiguado

Por cada Brígida y Escoba
En toda Tierra de Cristianos –
Abandonada Hija del Genio
Te tomo de la Mano –

1298

El Elfo de las Plantas es la Seta –
Por la Tarde, no existe –
Por la Mañana, con Sombrero de Trufa
Se para sobre un Punto

Como si siempre se quedase atrás
Y sin embargo, es toda su Carrera
Más corta que Demora de Serpiente
Y más veloz que la Cizaña –

'Tis Vegetation's Juggler –
The Germ of Alibi –
Doth like a Bubble antedate
And like a Bubble, hie –

I feel as if the Grass was pleased
To have it intermit –
This surreptitious scion
Of Summer's circumspect.

Had Nature any supple Face
Or could she one contemn –
Had Nature an Apostate –
That Mushroom – it is Him!

c. 1874   *1891*

1304

Not with a Club, the Heart is broken
Nor with a Stone –
A Whip so small you could not see it
I've known

To lash the Magic Creature
Till it fell,
Yet that Whip's Name
Too noble then to tell.

Magnanimous as Bird
By Boy descried –
Singing unto the Stone
Of which it died –

Shame need not crouch
In such an Earth as Ours –
Shame – stand erect –
The Universe is yours.

c. 1874   *1896*

Es la Vegetación del Mago –
De la Coartada el Germen –
Igual que la Burbuja se anticipa
Y como la Burbuja, se apresura –

Es como si a la Hierba le agradase
Tener intermitente –
Al subrepticio vástago
Prudente del Verano.

Tuviera Naturaleza una Cara flexible
O desdeñase a alguien –
Tuviera un Apóstata –
Ahí Lo tenéis – ¡la Seta!

1304

No con el Palo el Corazón se rompe
Ni con la Piedra –
Un Látigo pequeño que no se puede ver
He conocido

Para azotar a la Criatura Mágica
Hasta que se cayó,
Aunque el Nombre del Látigo
Muy noble entonces era como para decirlo.

Magnánimo cual Pájaro
Por Chico divisado –
Cantándole a la Piedra
De la que moriría –

La Vergüenza no tiene que agacharse
En una Tierra cual la Nuestra –
Vergüenza – permanece erguida –
El Universo es tuyo.

1314

When a Lover is a Beggar
Abject is his Knee –
When a Lover is an Owner
Different is he –

What he begged is then the Beggar –
Oh disparity –
Bread of Heaven resents bestowal
Like an obloquy –

c. 1878   1945

1332

Pink – small – and punctual –
Aromatic – low –
Covert – in April –
Candid – in May –
Dear to the Moss –
Known to the Knoll –
Next to the Robin
In every human Soul –
Bold little Beauty
Bedecked with thee
Nature forswears
Antiquity –

c. 1875   1890

1333

A little Madness in the Spring
Is wholesome even for the King,
But God be with the Clown –

Cuando el Amante es un Mendigo
Abyecta es su Rodilla –
Cuando el Amante es Dueño
Es diferente –

Lo que antes mendigaba es ahora el Mendigo –
Oh, qué disparidad –
El pan Celeste rechaza el donativo
Como si fuera una deshonra –

1332

Rosa – pequeño – y puntual –
Aromático – bajo –
Encubierto – en Abril –
Abierto – en Mayo –
Querido para el Musgo –
Familiar al Otero –
Cercano al Petirrojo
En cada humana Alma –
Osada pequeña Belleza
Adornada contigo
Naturaleza abjura
Antigüedad –

1333

Un poco de Locura en Primavera
Es saludable incluso para el Rey,
Pero que Dios esté con el Payaso –

Who ponders this tremendous scene –
This whole Experiment of Green –
As if it were his own!

c. 1875   *1914*

1354

The Heart is the Capital of the Mind –
The Mind is a single State –
The Heart and the Mind together make
A single Continent –

One – is the Population –
Numerous enough –
This ecstatic Nation
Seek – it is Yourself.

c. 1876   *1929*

1355

The Mind lives on the Heart
Like any Parasite –
If that is full of Meat
The Mind is fat.

But if the Heart omit
Emaciate the Wit –
The Aliment of it
So absolute.

c. 1876   *1932*

1356

The Rat is the concisest Tenant.
He pays no Rent.
Repudiates the Obligation –
On Schemes intent

Que pondera esta escena formidable –
Este total Experimento en Verde –
¡Como si fuera el suyo!

1354

El Corazón es la Capital de la Mente –
La Mente es un Estado único –
Y Corazón y Mente forman juntos
Un solo Continente –

Uno – es la Población –
Bastante numerosa –
Esta Nación extática
Búscala – eres Tú mismo.

1355

Vive del Corazón la Mente
Como cualquier Parásito –
Si aquél está lleno de Carne
La Mente engorda.

Pero si el Corazón se inhibe
Se demacra el Ingenio –
Pues su Alimento
Es absoluto.

1356

La Rata es Inquilino muy conciso.
No paga Renta.
La Obligación repudia –
Absorta en sus Esquemas

Balking our Wit
To sound or circumvent –
Hate cannot harm
A Foe so reticent –
Neither Decree prohibit him –
Lawful as Equilibrium.

c. 1876   *1891*

1374

A Saucer holds a Cup
In sordid human Life
But in a Squirrel's estimate
A Saucer hold a Loaf.

A Table of a Tree
Demands the little King
And every Breeze that run along
His Dining Room do swing.

His Cutlery – he keeps
Within his Russet Lips –
To see it flashing when he dines
Do Birmingham eclipse –

Convicted – could we be
Of our Minutiae
The smallest Citizen that flies
Is heartier than we –

c. 1876   *1945*

1379

His Mansion in the Pool
The Frog forsakes –
He rises on a Log
And statements makes –

[296]

Burlando nuestro Ingenio
Por su seguridad y por su astucia –
El odio no hace daño
A un Enemigo así de reticente –
Ningún decreto la proscribe –
Tan legítima como el Equilibrio.

1374

Un Plato sostiene una Taza
En la sórdida Vida humana
Pero según la Ardilla
Un Plato sostiene una Hogaza.

Una Mesa de un Árbol
Pide el pequeño Rey
Y las Brisas que pasan
Mecen su Comedor.

Mantiene – sus Cubiertos
En sus Bermejos Labios –
Por verlos mientras cena destellar
A Birmingham eclipsa –

Convictos – quedaríamos
De nuestras Minucias
El más pequeño Ciudadano que vuela
Es más robusto que nosotros –

1379

Su Mansión en la Charca
Abandona la Rana –
Se sube sobre un Tronco
Y hace declaraciones –

His Auditors two Worlds
Deducting me –
The Orator of April
Is hoarse Today –
His Mittens at his Feet
No Hand hath he –
His eloquence a Bubble
As Fame should be –
Applaud him to discover
to your chagrin
Demosthenes has vanished
In Waters Green –

c. 1876   1945

1400

What mystery pervades a well!
That water lives so far –
A neighbor from another world
Residing in a jar

Whose limit none have ever seen,
But just his lid of glass –
Like looking every time you please
In an abyss's face!

The grass does not appear afraid,
I often wonder he
Can stand so close and look so bold
At what is awe to me.

Related somehow they may be,
The sedge stands next the sea –
Where he is floorless
And does no timidity betray

But nature is a stranger yet;
The ones that cite her most

[298]

Sus Oyentes dos Mundos
Deduciéndome a mí –
El Orador de Abril
Hoy está ronco –
Lleva Mitones en los Pies
No tiene Manos –
Una Burbuja su elocuencia
Cual debería ser la Fama –
Apláudela y descubre
Para disgusto tuyo
Demóstenes se esfuma
En Aguas Verdes –

1400

¡Qué misterio colma un pozo!
Pues vive el agua tan lejos –
Un vecino de otro mundo
Que reside en una jarra

Cuyo límite nadie ha visto nunca,
Sólo su tapa de cristal –
¡Como mirar cada vez que se quiera
En el rostro de un abismo!

La hierba no parece tener miedo,
A veces me pregunto si él
Puede permanecer tan cerca y parecer tan osado
Ante lo que para mí es temor reverencial.

De alguna forma pueden estar relacionados
El junco junto al mar se encuentra –
Donde él está sin suelo
Y no delata timidez alguna

Mas la naturaleza sigue siendo un extraño;
Los que la citan más

Have never passed her haunted house,
Nor simplified her ghost.

To pity those that know her not
Is helped by the regret
That those who know her, know her less
The nearer her they get.

1877?   *1896*

1401

To own a Susan of my own
Is of itself a Bliss –
Whatever Realm I forfeit, Lord,
Continue me in this!

c. 1877   *1932*

1405

Bees are Black, with Gilt Surcingles –
Buccaneers of Buzz.
Ride abroad in ostentation
And subsist on Fuzz.

Fuzz ordained – not Fuzz contingent –
Marrows of the Hill.
Jugs – a Universe's fracture
Could not jar or spill.

c. 1877   *1945*

1407

A Field of Stubble, lying sere
Beneath the second Sun –
Its Toils to Brindled People thrust –
Its Triumphs – to the Bin –

[300]

No han traspasado nunca su mansión hechizada
Y no han simplificado su fantasma.

Compadecerse de los que la ignoran
Se fomenta con el remordimiento
De que quien la conoce, la conoce menos
Cuanto más se le acerca.

1401

Poseer una Susana propia
Es de por sí una Dicha —
¡Que pierda cualquier Reino, mi Señor,
Pero dejadme en éste!

1405

Las Abejas son Negras con Cíngulos Dorados —
Bucaneras del Zumbido.
Se alejan con alardes
Y se sustentan de Partículas.

Partículas ordenadas — no Partículas contingentes —
Médulas de Colina.
Jarras — que una fractura de Universo
No podría agitar ni derramar.

1407

Un Campo de Rastrojo ya marchito
Bajo el segundo Sol —
Sus Afanes impone a la Atareada Gente —
Sus Triunfos — al Desecho —

Accosted by a timid Bird
Irresolute of Alms –
Is often seen – but seldom felt,
On our New England Farms –

c. 1877   1932

1408

The Fact that Earth is Heaven –
Whether Heaven is Heaven or not
If not an Affidavit
Of that specific Spot
Not only must confirm us
That it is not for us
But that it would affront us
To dwell in such a place –

c. 1877   1945

1411

Of Paradise' existence
All we know
Is the uncertain certainty –
But its vicinity infer,
By its Bisecting
Messenger –

c. 1877   1945

1412

Shame is the shawl of Pink
In which we wrap the Soul
To keep it from infesting Eyes –
The elemental Veil
Which helpless Nature drops
When pushed upon a scene

Abordado por un tímido Pájaro
Indeciso ante la Limosna –
Es visto con frecuencia – raramente sentido,
En nuestras Granjas de Nueva Inglaterra –

1408

El que la Tierra sea el Paraíso –
Sea o no Paraíso el Paraíso
Si no una Garantía
De ese expreso Lugar
No sólo nos confirma
Que no es para nosotros
Sino que nos afrentaría
Vivir en semejante sitio –

1411

De la existencia del Paraíso
Todo lo que sabemos
Es la certeza incierta –
Mas su proximidad se infiere
Del Mensajero
Que la Bisecciona –

1412

La Vergüenza es el chal Rosa
Con que al Alma arropamos
Para guardarla de los Ojos que infestan –
El Velo elemental
Que la Naturaleza desvalida deja caer
Cuando la empujan a una escena

Repugnant to her probity –
Shame is the tint divine.

c. 1877   1945

1423

The fairest Home I ever knew
Was founded in an Hour
By Parties also that I knew.
A spider and a Flower –
A manse of mechlin and of Floss –

c. 1877   1945

1431

With Pinions of Disdain
The soul can farther fly
Than any feather specified
in Ornithology –
It wafts this sordid Flesh
Beyond its dull – control
And during its electric gale –
The body is a soul –
instructing by the same –
How little work it be –
To put off filaments like this
for immortality

c. 1877   1945

1434

Go not too near a House of Rose –
The depredation of a Breeze

Repugnante a su probidad –
La Vergüenza es el matiz divino.

1423

El más hermoso Hogar que jamás conocí
Se fundó en una Hora
También por Grupos que yo conocía
Una Flor y una araña –
Una casa* de encajes** y de Seda –

1431

Con Alas de Desdén
Puede volar el alma aún más lejos
Que cualquier otra pluma mencionada
En la Ornitología –
Se lleva por el aire esta sórdida Carne
Más allá de su torpe – control
Y durante su eléctrica galerna –
El cuerpo es un alma –
Que instruye por el mismo –
Qué poco costaría –
Liberarse de tales filamentos
Por la inmortalidad.

1434

No te aproximes mucho a Casa de una Rosa –
El mero estrago de una Brisa

---

* *Manse* (v. 5) es un término muy específico que designa la casa del párroco de los ministros presbiterianos, especialmente en Escocia. *(N. del T.)*

** *Mechlin* (v. 5) es el nombre de una ciudad de Bélgica, famosa por la artesanía de un tipo especial de encaje. *(N. del T.)*

Or inundation of a Dew
Alarms its walls away –

Nor try to tie the Butterfly,
Nor climb the Bars of Ecstasy,
In insecurity to lie
Is Joy's insuring quality.

c. 1878   1894

1437

A Dew sufficed itself –
And satisfied a Leaf
And felt «how vast a destiny»
«How trivial is Life!»

The Sun went out to work –
The Day went out to play
And not again that Dew be seen
By Physiognomy

Whether by Day Abducted
Or emptied by the Sun
Into the Sea in passing
Eternally unknown

Attested to this Day
That awful Tragedy
By Transport's instability
And Doom's celerity.

c. 1878   1896

1438

Behold this little Bane –
The Boon of all alive –
As common as it is unknown
The name of it is Love –

[306]

O la inundación de un Rocío
Le espanta las paredes –

Ni trates de atar a la Mariposa,
Ni trepar por los Barrotes del Éxtasis,
Yacer en la inseguridad
Es la segura calidad del Júbilo.

1437

Un Rocío a sí mismo suficiente –
Y bastante a una Hoja
Pensó «¡qué vasto es el destino» –
«¡Y qué trivial la Vida!»

El Sol se fue al trabajo –
Y a jugar se fue el Día
Y no se vio de nuevo aquel Rocío
Por la Fisiognomía

Si Secuestrado por el Día
O por el Sol vaciado
Al Mar que pasa
Desconocido eterno

Atestiguada en este Día
La terrible Tragedia
Por la inseguridad del Arrebato
Y la celeridad del Sino.

1438

Mirad atentamente esta pequeña Ruina –
La Bendición de todo lo que vive –
Tan corriente como desconocido
Su nombre es el de Amor –

To lack of it is Woe —
To own of it is Wound —
Not elsewhere — if in Paradise
Its Tantamount be found —

c. 1878   1945

1444

A little Snow was here and there
Disseminated in her Hair —
Since she and I had met and played
Decade had gathered to Decade —

But Time had added not obtained
Impregnable the Rose
For summer too indelible
Too obdurate for Snows —

c. 1878   1945

1445

Death is the supple Suitor
That wins at last —
It is a stealthy Wooing
Conducted first
By pallid innuendoes
And dim approach
But brave at last with Bugles
And a bisected Coach
It bears away in triumph
To Troth unknown
And Kindred as responsive
As Porcelain.

c. 1878   1945

Es el Dolor su ausencia –
Su posesión, Herida –
En ninguna otra parte – si no en el Paraíso
Se encontrará su Equivalente –

1444

Un poquito de Nieve aquí y allá
Diseminada en su Cabello –
Desde que ella y yo nos conocimos y jugamos
Décadas se acumulan sobre Décadas –

Mas el Tiempo ha añadido, no ha ganado
La Rosa inexpugnable
Indeleble al verano
Obstinada a las Nieves –

1445

La Muerte es dúctil Pretendiente
Que al final lo consigue –
Es cauteloso Galanteo
Al principio llevado
Con suaves indirectas
Y débiles ataques
Pero bravo al final y con Clarines
Y un Coche dividido
En triunfo lo conduce
A Condición desconocida
Y Parentesco tan sensible
Como la Porcelana.

1456

So gay a Flower
Bereaves the Mind
As if it were a Woe –

Is Beauty an Affliction – then?
Tradition ought to know –

c. 1879

1914

1458

Time's wily Chargers will not wait
At any Gate but Woe's –
But there – so gloat to hesitate
They will not stir for blows –

c. 1879

1932

1459

Belshazzar had a Letter –
He never had but one –
Belshazzar's Correspondent
Concluded and begun
In that immortal Copy
The Conscience of us all
Can read without its Glasses
On Revelation's Wall –

c. 1879

1890

1462

We knew not hat we were to live –
Nor when – we are to die –
Our ignorance – our cuirass is –
We wear Mortality

1456

Una Flor tan alegre
A la Mente la aflige
Como si un Dolor fuera —

¿Es la Belleza una Desgracia — entonces?
La Tradición tendría que saberlo —

1458

Los astutos corceles del Tiempo no esperarán
Ante ninguna Puerta sino la del Dolor —
Pero allí — satisfechos como para dudar
No piafarán ante los golpes —

1459

Belshazzar tuvo Carta —
Él nunca tuvo otra —
Y su Corresponsal
Empezó y concluyó
En esa inmortal Texto
Que la Conciencia de todos nosotros
Puede leer sin Gafas
En el Muro de la Revelación —

1462

Que íbamos a vivir no lo sabíamos —
Ni cuándo — hemos de morir —
Nuestra ignorancia — es nuestra coraza —
Llevamos la Mortalidad

As lightly as an Option Gown
Till asked to take it off –
By his intrusion, God is known –
It is the same with Life –

c. 1879   *1894*

1463

A Route de Evanescence
With a revolving Wheel –
A Resonance of Emerald –
A Rush of Cochineal –
And every Blossom on the Bush
Adjusts its tumbled Head –
The mail from Tunis, probably,
An easy Morning's Ride –

c. 1879   *1891*

1472

To see the Summer Sky
Is Poetry, though never in a Book it lie –
True Poems flee –

c. 1879   *1945*

1473

We talked with each other about each other
Though neither of us spoke –
We were listening to the second's Races
And the Hoofs of the Clock –
Pausing in Front of our Palsied Faces

Tan ligeros como un Traje Elegido
Hasta que se nos pide que nos lo quitemos —
Por su intrusión a Dios se le conoce —
Lo mismo pasa con la Vida —

1463*

Camino de Evanescencia
Con una Rueda que gira —
Resonancia de Esmeralda —
Un Bullicio de Escarlata —
Cada Capullo en su Rama
Rendida Cabeza ajusta —
Acaso el correo de Túnez,
Un pausado Paseo de Mañana —

1472

Ver el Cielo de Verano
Es Poesía, aunque no esté en un Libro —
Los verdaderos Poemas huyen —

1473

Entre nosotros hablamos de nosotros
Aunque ninguno de los dos dijera nada —
Escuchábamos la Carrera de los segundos
Y los Cascos del Reloj —
Deteniéndose Frente a nuestros Rostros Paralizados

---

* El poema intenta describir la rapidez efímera del vuelo del colibrí.
* En el (v. 4) me permito la metonimia, ya que la cochinilla es el insecto del
que se saca la materia colorante de color granate. *(N. del T.)*

Time compassion took –
Arks of Reprieve he offered to us –
Ararats – we – took –

c. 1879   1945

1475

Fame is the one that does not stay –
Its occupant must die
Or out of sight of estimate
Ascend incessantly –
Or be that most insolvent thing
A Lightning in the Germ –
Electrical the embryo
But we demand the Flame

c. 1879   1945

1476

His voice decrepit was with Joy –
Her words did totter so
How old the News of Love must be
To make Lips elderly
That purled a moment since with Glee –
Is it Delight or Woe –
Or Terror – that do decorate
This livid interview –

c. 1879   1945

1478

Look back on Time, with kindly eyes –
He doubtless did his best –
How softly sinks that trembling sun
In Human Nature's West –

c. 1879   1890

El Tiempo tuvo compasión –
Arcas nos ofreció de Alivio –
Ararats – escogimos –

1475

La fama es lo que no se queda –
Su inquilino debe morir
O ascender incesante
Fuera del cálculo de la mirada –
O la más insolvente cosa ser
Un Relámpago en el Germen –
Eléctrico el embrión
Pero pedimos la Llama.

1476

Él tenía la voz decrépita de Gozo –
Y a ella le temblaban las palabras
Qué viejas han de ser las Nuevas del Amor
Que envejecen los Labios
Que hace un momento murmuraban su Júbilo –
Es Dicha o es Dolor –
O Terror – aquello que decora
Este lívido encuentro –

1478

Mira atrás en el Tiempo, con benévolos ojos –
Él hizo sin duda lo mejor que podía –
Qué suavemente se hunde aquel trémulo sol
En el Poniente de la Naturaleza Humana –

1483

The Robin is a Gabriel
In humble circumstances –
His Dress denotes him socially,
Of Transport's Working Classes –
He has the punctuality
Of the New England Farmer –
The same oblique integrity,
A Vista vastly warmer –

A small but sturdy Residence,
A self denying Household,
The Guests of Perspicacity
Are all that cross his Threshold –
As covert as a Fugitive,
Cajoling Consternation
By Ditties to the Enemy
And Sylvan Punctuation –

c. 1880   *1894*

1489

A Dimple in the Tomb
Makes that ferocious Room
A Home –

c. 1880   *1931*

1491

The Road to Paradise is plain,
And holds scarce one,
Not that it is not firm
But we presume
A Dimpled Road
Is more preferred.
The Belles of Paradise are few –

[316]

1483

El Petirrojo es un Gabriel
En circunstancias humildes –
Su Vestido le califica socialmente,
De la Clase Trabajadora del Transporte –
Tiene la puntualidad
Del Granjero de Nueva Inglaterra –
La misma integridad oblicua,
Un Panorama mucho más amable –

Una pequeña mas robusta Casa,
Abnegada Familia,
Sólo los Huéspedes de la Perspicacia
Cruzan su Umbral –
Secreto como el Fugitivo,
Camelando la Consternación
Con Cancioncillas para el Enemigo
Y Puntuación Silvana –

1489

Un Hoyuelo en la Tumba
Hace de ese feroz Recinto
Un Hogar –

1491

El Camino del Paraíso es llano
Y apenas cabe uno.
No es que no sea firme
Pero nosotros suponemos
Que un Camino con Hoyos
Es preferible.
Las Beldades del Paraíso son escasas –

Not me – nor you –
But unsuspected things –
Mines have no Wings.

c. 1880

1945

1510

How happy is the little Stone
That rambles in the Road alone,
And doesn't care about Careers
And Exigencies never fears –
Whose Coat of elemental Brown
A passing Universe put on,
And independent as the Sun
Associates or glows alone,
Fulfilling absolute Decree
In casual simplicity –

c. 1881

1891

1512

All things swept sole away
This – is immensity –

c. 1881

1931

1520

The stem of a departed Flower
Has still a silent rank.
The Bearer from an Emerald Court
Of a Despatch of Pink.

c. 1881

1894

Ni tú – ni yo –
Sino las cosas más insospechadas –
Las Minas no tienen Alas.

1510

Qué feliz es la Piedra pequeña
Que vaga sola por la Carretera,
No se preocupa de Carreras
Y no teme Exigencias –
Cuyo Traje Marrón elemental
Se viste del Universo pasajero,
E independiente como el Sol
Se asocia o brilla sola,
Cumpliendo el Decreto absoluto
Con sencillez despreocupada –

1512

Todas las cosas arrasadas
Eso – es la inmensidad –

1520

El tallo de una Flor difunta
Sigue teniendo un rango silencioso.
Portador procedente de una Corte Esmeralda
Con un Mensaje Rosa.

1521

The Butterfly upon the Sky,
That doesn't know its Name
And hasn't any tax to pay
And hasn't any Home
Is just as high as you and I,
And higher, I believe,
So soar away and never sigh
And that's the way to grieve –

c. 1881   1894

1523

We never know we go when we are going –
We jest and shut the Door –
Fate – following – behind us bolts it –
And we accost no more –

c. 1881   1894

1544

Wo has not found the Heaven – below –
Will fail of it above –
For Angels rent the House next ours,
Wherever we remove –

c. 1883   1896

1545

The Bible is an antique Volume –
Written by faded Men
At the suggestion of Holy Spectres –
Subjects – Bethlehem –
Eden – the ancient Homestead –
Satan – the Brigadier –

1521

La Mariposa en el Cielo,
Que no sabe su Nombre
Y que no paga impuestos
Y que no tiene Casa
Es tan alta como tú y como yo,
Y aún más alta, creo,
Así que elévate y no suspires
Ese es el modo de sufrir –

1523

Nunca sabemos al irnos que nos vamos –
Bromeamos y cerramos la Puerta –
El Destino – siguiéndonos – la canda tras nosotros –
Y no arribamos nunca más –

1544

Quien no ha encontrado el Cielo – aquí abajo –
Fracasará allí arriba –
Pues alquilan los Ángeles la Casa de al lado,
Doquiera nos mudemos –

1545

La Biblia es un Volumen Antiguo –
Escrito por los Hombres marchitos
A sugerencia de Sagrados Espectros –
Los Temas – Belén –
El Edén – la Morada de antaño –
Satán – el Brigadier –

Judas – the Great Defaulter –
David – the Troubadour –
Sin – a distinguished Precipice
Others must resist –
Boys that «believe» are very lonesome –
Other Boys are «lost» –
Had but the Tale a warbling Teller –
All the Boys would come –
Orpheu's Sermon captivated –
It did not condemn –

c. 1882   1924

1547

Hope is a subtle Glutton –
He feeds upon the Fair –
And yet – inspected closely
What Abstinence is there –

His is the Halcyon Table –
That never seats but One –
And whatsoever is consumed
The same amount remain –

c. 1882   1896

1563

By homely gift and hindered Words
The human heart is told
Of Nothing –
«Nothing» is the force
That renovates the World –

c. 1883   1955

[322]

Judas – el Gran Traidor –
David – el Trovador –
El Pecado – eminente Precipicio
Que otros deben resistir –
Los Muchachos que «creen» están muy solos –
Otros Muchachos están «perdidos» –
Tuviera el Cuento un Narrador gorjeante –
Acudirían todos los Muchachos –
El Sermón de Orfeo cautivaba –
No condenaba –

1547

La Esperanza es un sutil Glotón –
Que se alimenta de lo Bueno –
Mas – mirado de cerca
Qué es aquella Abstinencia –

Es la suya la Mesa de Alcínoo –
Nunca se sienta sino Uno –
Y se consuma lo que sea
Queda la misma cantidad –

1563

El talento casero y la Palabra oculta
Al corazón humano informan
De Nada –
«Nada» es la fuerza
Que renueva el Mundo –

1564

Pass to thy Rendezvous of Light,
Pangless except for us —
Who slowly ford the Mystery
Which thou hast leaped across!

c. 1883   1924

1567

The Heart has many Doors —
I can but knock —
For any sweet «Come in»
Impelled to hark —
Not saddened by repulse,
Repast to me
That somewhere, there exists,
Supremacy —

c. 1883   1955

1568

To see her is a Picture —
To hear her is a Tune —
To know her an Intemperance
As innocent as June —
To know her not — Affliction —
To own her for a Friend
A warmth as near as if the Sun
Were shining in your Hand.

c. 1883   1945

1569

The Clock strikes one that just struck two —
Some schism in the Sum —

1564

Cruza hacia tu Cita de Luz,
Indolora salvo para nosotros –
Que lentamente vadeamos el Misterio
¡Que ya has saltado tú!

1567

El Corazón tiene muchas Puertas –
No tengo más remedio que llamar –
Para que un amable «Pase»
Tenga que escuchar –
Sin que me aflija el rechazo,
Es alimento para mí
Que en alguna parte existe
La Supremacía –

1568

Verla es un Cuadro –
Oírla es una Melodía –
Conocerla una Intemperancia
Tan inocente como Junio –
No conocerla – una Aflicción –
Tenerla por Amiga
Un calor cual si el Sol
En tu Mano brillara.

1569

El Reloj que da la una acaba de dar las dos –
Hay un cisma en la Suma –

A Vagabond for Genesis
Has wrecked the Pendulum –

c. 1883   *1894*

1575

The Bat is dun, with wrinkled Wings –
Like fallow Article –
And not a song pervade his Lips –
Or none perceptible.

His small Umbrella quaintly halved
Describing in the Air
An Arc alike inscrutable
Elate Philosopher.

Deputed from what Firmament –
Of what Astute Abode –
Empowered with what Malignity
Auspiciously withheld –

To his adroit Creator
Ascribe no less the praise –
Beneficent, believe me,
His Eccentricities –

c. 1876   *1896*

1577

Morning is due to all –
To some – the Night –
To an imperial few –
The Auroral light.

c. 1883   *1931*

Un Vagabundo tras el Génesis
El Péndulo ha averiado –

1575

El Murciélago es pardo, con Alas arrugadas –
Cual Objeto en barbecho –
No sale de sus Labios ni una sola canción –
O ninguna que sea perceptible.

Su pequeña Sombrilla partida a la mitad curiosamente
Describiendo en el Aire
Un Arco inescrutable
Filósofo del Júbilo.

Delegado de qué Firmamento –
De qué Astuta Morada –
Imbuido de qué Malignidad
Propiciamente oculta –

A su diestro Creador
Dedica no menor alabanza –
Benéficas, creedme,
Sus Excentricidades –

1577

La Mañana es de todos –
De algunos – es la Noche –
Y sólo de unos pocos elegidos –
Es la luz Auroral.

1587

He ate and drank the precious Words –
His Spirit grew robust –
He knew no more that he was poor,
Nor that his frame was Dust –

He danced along the dingy Days
And this Bequest of Wings
Was but a Book – What Liberty
A loosened spirit brings –

c. 1883   1890

1588

This Me – that walks and works – must die,
Some fair or stormy Day,
Adversity if it may be
Or wild prosperity
The Rumor's Gate was shut so tight
Before my mind was born
Not even a Prognostic's push
Can make a Dent thereon –

c. 1883   1945

1601

Of God we ask one favor,
That we may be forgiven –
For what, he is presumed to know –
The Crime, from us, is hidden –
Immured the whole of Life
Within a magic Prison
We reprimand the Happiness
That too competes with Heaven.

c. 1884   1894

1587

Comió y bebió las Palabras preciosas –
Y creció vigoroso su Espíritu –
Nunca más supo que era pobre,
Ni que de Polvo era su estructura –

Danzó durante los oscuros Días
Y este Legado de Alas
Era tan sólo un Libro – Qué Libertad procura
Un liberado espíritu –

1588

Este Yo – que anda y trabaja – debe morir
Un buen o tormentoso Día,
Adversidad si acaso
O prosperidad salvaje
La Puerta del Rumor se cerró tan hermética
Antes de que naciera mi mente
Que ni siquiera un golpe de Presagio
Puede hacerle una Mella –

1601

De Dios pedimos un favor,
Que seamos perdonados –
En cuanto se supone que él conoce –
El Delito, a nosotros, escondido –
La vida entera emparedados
En una mágica Prisión
Reprendemos la Felicidad
Que hasta compite con el Cielo.

1602

Pursuing you in your transitions,
In other Motes —
Of other Myths
Your requisition be.
The Prism never held the Hues,
It only heard them play —

c. 1884   *1931*

1603

The going from a world we know
    To one a wonder still
Is like the child's adversity
    Whose vista is a hill,
Behind the hill is sorcery
    And everything unknown,
But will the secret compensate
    For climbing it alone?

c. 1884   *1894*

1610

Morning that comes but once,
Considers coming twice —
Two Dawns upon a single Morn,
Make Life a sudden price.

c. 1884   *1945*

1612

The Auctioneer of Parting
His «Going, going, gone»
Shouts even from the Crucifix,
And brings his Hammer down —

1602

Persiguiéndote en tus transiciones,
En otras Motas –
De otros Mitos
Sean tu petición.
Nunca el Prisma retuvo los Matices,
Tan sólo los oyó jugar –

1603

El pasar de un mundo que conocemos
   A uno que todavía es pregunta
Es como el infortunio de aquel niño
   Que tiene una colina por toda perspectiva,
Detrás de la colina está la brujería
   Y todo lo desconocido,
¿Compensará el secreto
   Subirla en solitario?

1610

La Mañana no viene sino una sola vez,
Considera venir una segunda
Dos Albas y una sola Madrugada
Dan a la vida un valor inesperado.

1612

El Subastador de la Despedida
Su «A la una, a las dos, a las tres»
Grita incluso desde el Crucifijo,
Y baja su Martillo –

He only sells the Wilderness,
The prices of Despair
Range from a single human Heart
To Two – not any more –

c. 1884   1945

1613

Not Sickness stains the Brave,
Nor any Dart,
Nor Doubt of Scene to come,
But an adjourning Heart –

c. 1884   1894

1618

There are two Mays
And then a Must
And after that a Shall.
How infinite the compromise
That indicates I will!

c. 1884   1955

1619

Not knowing when the Dawn will come,
I open every Door,
Or has it Feathers, like a Bird,
Or Billows, like a Shore –

c. 1884   1896

1620

Circumference thou Bride of Awe
Possessing thou shalt be

Sólo vende el Desierto,
Los precios de la Desesperación
Van de un solo Corazón humano
A Dos – ninguno más –

1613

Ninguna Enfermedad mancha al Valiente,
Ni ningún Dardo,
Ni duda de la Escena por venir,
Tan sólo un Corazón que está en camino –

1618

Hay dos Puedo
Luego un Debo
Y después un haré.
¡Qué enorme el compromiso
Que indica quiero hacerlo!

1619

No sabiendo cuándo vendrá la Aurora,
Abro todas las Puertas,
O tiene Plumas, cual Pájaro,
O, como la Playa, Olas –

1620

Circunferencia, Novia del Temor
Al poseer tú serás poseída

Possessed by every hallowed Knight
That dares to covet thee

c. 1884

1932

1627

The Pedigree of Honey
Does not concern the Bee –
A Clover, any time, to him,
Is Aristocracy –

version II
c. 1884

1890

1628

A Drunkard cannot meet a Cork
Without a Revery –
And so encountering a Fly
This January Day
Jamaicas of Remembrance stir
That send me reeling in –
The moderate drinker of Delight
Does not deserve the spring –
Of juleps, part are in the Jug
And more are in the joy –
Your connoisseur in Liquors
Consults the Bumble Bee –

c. 1884

1945

1639

A Letter is a joy of Earth –
It is denied the Gods –

c. 1885

1931

Por todo santificado Caballero
Que se atreva a codiciarte

1627
(Versión II, 1884)

La Estirpe de la Miel
No preocupa a la Abeja –
Un Trébol, para ella, siempre es
Aristocracia –

1628

Un Borracho no puede ver un Corcho
Sin ponerse a Soñar –
Y al tropezar con una Mosca
Este Día de Enero
Se remueven Jamaicas de Recuerdos
Que me hacen vacilar –
Quien moderado bebe del Deleite
No merece primavera
De los julepes*, parte están en la Jarra
Pero más quedan en el júbilo –
Tu entendido en Licores
Consulta al Abejorro –

1639

Una Carta es un gozo Terrenal –
A los Dioses negado –

---

* El término *Julep* (v. 9) se utiliza en USA para referirse a un tipo de bebida alcohólica y azucarada, preparada con hielo picado y menta. *(N. del T.)*

1640

Take all away from me, but leave me Ecstasy,
And I am richer then than all my Fellow Men –
Ill it becometh me to dwell so wealthily
When at my very Door are those possessing more,
In abject poverty –

c. 1885 1931

1651

A Word made Flesh is seldom
And tremblingly partook
Nor then perhaps reported
But have I not mistook
Each one of us has tasted
With ecstasies of stealth
The very food debated
To our specific strenght –
A Word that breathes distinctly
Has not the power to die
Cohesive as the Spirit
It may expire if He –
«Made Flesh and dwelt among us»
Could condescension be
Like this consent of Language
This loved Philology.

? 1955

1652

Advance is Life's condition
The Grave but a Relay
Supposed to be a terminus
That makes it hated so –

1640

Quitadme todo, pero dejadme el Éxtasis,
Y más rica seré que todos mis Paisanos –
Me pone enferma vivir en la abundancia
Cuando a mi misma puerta están aquellos que poseen aún más,
En abyecta pobreza –

1651

La Palabra hecha Carne es infrecuente
Y estremecidamente compartida
Por eso a lo mejor no se habla de ella
Pero si no me engaño
Todos hemos probado
Con pasión de furtivo
La comida en debate
Según las propias fuerzas –
La Palabra que respira distinta
No tiene el poder de morir
Unida como el Alma
Puede expirar si Él –
«Que se hizo Carne y habitó entre nosotros»
Condescendencia fuera
Como este acuerdo del Lenguaje
Esta Filología tan amada.

1652

La condición de la Vida es el Avance
La Tumba sólo una Parada
Que se supone que es el término
Y la hace ser odiada –

The Tunnel is not lighted
Existence with a wall
Is better we consider
Than not exist at all –

1955

1653

As we pass Houses musing slow
If they be occupied
So minds pass minds
If they be occupied

1955

1665

I know of people in the Grave
Who would be very glad
To know the news I know tonight
If they the chance had had.
'Tis this expands the least event
And swells the scantest deed –
My right to walk upon the Earth
If they this moment had.

1955

1666

I see thee clearer for the Grave
Tahat took thy face between
No Mirror could illumine thee
Like that impassive stone –

I know thee better for the Act
That made thee first unknown
The stature of the empty nest
Attests the Bird that's gone.

1955

El Túnel no está iluminado
La existencia con muro
Consideramos que es mejor
Que no existir en absoluto –

1653

Así como pasamos delante de las Casas meditando despacio
Por si estuvieran ocupadas
Así pasan las mentes delante de las mentes
Por si estuvieran ocupadas

1665

Sé de gente en la Tumba
A la que encantaría
Conocer las noticias que esta noche conozco
Si la oportunidad tuvieran.
Y es que esto aumenta el acontecimiento mínimo
Infla la más escasa hazaña –
Mi derecho de andar sobre la Tierra
Si ellos tuvieran este instante.

1666

Mejor te veo por la Tumba
Que el rostro te dejó entre medias
Ningún Espejo te iluminaría
Como esa losa imperturbable –

Te conozco mejor por el Acto
Que te hizo al principio desconocido
El tamaño del nido vacío
Da fe del Pájaro que se ha marchado.

1668

If I could tell how glad I was
I should not be so glad –
But when I cannot make the Force,
Nor mould it into Word,
I know it is a sign
That new Dilemma be
From mathematics further off
Than from Eternity.

?   *1914*

1670

In Winter in my Room
I came upon a Worm –
Pink, lank and warm –
But as he was a worm
And worms presume
Not quite with him at home –
Secured him by a string
To something neighboring
And went along.

A Trifle afterward
A thing occurred
I'd not believe it if I heard
But state with creeping blood –
A snake with mottles rare
Surveyed my chamber floor
In feature as the worm before
But ringed with power –
The very string with which
I tied him – too
When he was mean and new
That string was there –

[340]

1668

Si pudiera decir lo contenta que estaba
Ya no estaría tan contenta –
Mas como no puedo Forzarlo,
Ni ponerlo en Palabras,
Sé que es un signo
De que el nuevo Dilema acaso esté
Más alejado de las matemáticas
Que de la Eternidad.

1670

En Invierno y en mi Cuarto
Me topé con un Gusano –
Rosa, flaco, largo y cálido –
Mas como él era un gusano
Y los gusanos se toman libertades
No muy tranquila con él en casa –
Lo até con un cordel
A algo cercano
Y seguí mi camino.

Un Poquito después
Una cosa corrió
Que no hubiera creído si la oigo
Mas la cuento con sangre horripilada –
Una serpiente con extrañas manchas
Inspeccionaba el suelo de mi alcoba
De facciones como las del gusano
Pero anilladas de poder –
La misma cuerda
Con la que a él até
Cuando era vil y nuevo
Allí estaba la cuerda –

I shrank – «How fair you are»!
Propitiation's claw –
«Afraid,» he hissed
«Of me»?
«No cordiality» –
He fathomed me –
Then to a Rhythm *Slim*
Secreted in his Form
As Petterns swim
Projected him.

That time I flew
Both eyes his way
Lest he pursue
Nor ever ceased to run
Till in a distant Town
Towns on from mine
I set me down
This was a dream.

?   1914

1681

Speech is one symptom of Affection
And Silence one –
The perfectest communication
Is heard of none –

Exists and its indorsement
Is had within –
Behold, said the Apostle,
Yet had not seen!

?   1914

Yo me encogí – «¡Qué guapa eres!»
Garra de la Propiciación –
«¿Asustada», silbó ella
«De mí?»
«Nada de confianzas» –
Ella me había comprendido –
Luego a un Ritmo *Vivaz*
oculto tras su Forma
Como nadan los Modelos
Se impulsó hacia adelante.

Entonces escapé
Con ambos ojos puestos en su camino
No fuera a perseguirme
Ni dejé de correr
Hasta que en la Ciudad lejana
Ciudades lejos de la mía
Me serené
Era un sueño.

1681

El Hablar es un síntoma de Afecto
Y otro el Silencio –
La más perfecta comunicación –
Nadie la oye –

Existe y su confirmación
La tiene dentro –
Mira, dijo el Apóstol,
¡Aunque él nada había visto!

1683

That she forgot me was the least
I felt it second pain
That I was worthy to forget
Was most I thought upon.

Faithful was all that I could boast
But Constancy became
To her, by her innominate,
A something like a shame.

?   *1914*

1685

The butterfly obtains
But little sympathy
Though favorably mentioned
In Entomology –

Because he travels freely
And wears a proper coat
The circumspect are certain
That he is dissolute –

Had he the homely scutcheon
Of modest Industry
'Twere fitter certifying
For Immortality –

?   *1914*

1688

The Hills erect their Purple Heads
The Rivers lean to see
Yet Man has not of all the Throng
A Curiosity.

?   *1914*

1683

Que ella me olvidara fue lo de menos
Me pareció un dolor secundario
Que yo fuera digna de ser olvidada
Fue lo que más me preocupó.

Ser fiel era todo mi alarde
Mas la Constancia se volvió
Para ella, por ella innominada,
En algo parecido a la vergüenza.

1685

La mariposa tiene
Muy poca simpatía
Aunque se la mencione de forma favorable
En la Entomología –

Porque viaja libremente
Y con ropa adecuada
Los circunspectos aseguran
Que es una disoluta –

Si tuviera un blasón hogareño
De modesta Industria
Sería más apropiada al certificar
La Inmortalidad –

1688

Las Colinas levantan sus Cabezas de Púrpura
Y los Ríos se inclinan a mirar
Mas el Hombre no siente hacia esta Multitud
Curiosidad alguna.

1707

Winter under cultivation
Is as arable as Spring.

?   1955

1714

By a departing light
We see acuter, quite,
Than by a wick that stays.
There's something in the flight
That clarifies the sight
And decks the rays.

?   1945

1718

Drowning is not so pitiful
As the attempt to rise.
Three times, 'tis said, a sinking man
Comes up to face the skies,
And then declines forever
To that abhorred abode,
Where hope and he part company –
For he is grasped of God.
The Maker's cordial visage,
However good to see,
Is shunned, we must admit it,
Like an adversity.

?   1896

1719

God is indeed a jealous God –
He cannot bear to see

[346]

1707

El Invierno cuando se cultiva
Es tan arable como la Primavera.

1714

Con una luz en fuga
Vemos mejor, ya lo creo,
Que con una mecha permamente.
Hay un algo en la huida
Que la visión aclara
Y realza los rayos.

1718

El ahogarse no es tan lastimoso
Como el intento de salir.
Tres veces, dicen, el hombre que se hunde
Sube a mirar los cielos,
Y se sumerge luego para siempre
En la morada aborrecible,
Donde esperanza y él se apartan –
Pues él está de Dios asido.
El semblante cordial del Creador
Por muy bueno que sea de mirar,
Es evitado, hay que admitirlo,
Como una adversidad.

1719

Dios en verdad es un celoso Dios –
Él no soporta

That we had rather not with Him
But with each other play.

1945

1720

Had I known that the first was the last
I should have kept it longer.
Had I known that the last was the first
I should have drunk it stronger.
Cup, it was your fault,
Lip was not the liar.
No, lip, it was yours,
Bliss was most to blame.

1945

1721

He was my host — he was my guest,
I never to this day
If I invited him could tell,
Or he invited me.

So infinite our intercourse
So intimate, indeed,
Analysis as capsule seemed
to keeper of the seed.

1945

1722

Her face was in a bed of hair,
Like flowers in a plot —
Her hand was whiter than the sperm
That feeds the sacred light.
Her tongue more tender than the tune

Que en lugar de con Él
Prefiramos jugar entre nosotros.

1720

Si hubiera yo sabido que el primero era el último
Lo habría conservado por más tiempo.
Si hubiera yo sabido que el último era el primero
Más habría bebido.
Copa, fue culpa tuya,
El Labio no era el mentiroso.
No, labio, fue la tuya,
La más culpable era la Dicha.

1721

Él fue mi huésped – él fue mi invitado,
Y nunca hasta ese día
Pude decir si le invitaba a él
O él me invitaba a mí.

Tan infinito fue nuestro comercio
Tan íntimo, en verdad,
Que el análisis fuera como vaina
Para el guardián de la semilla.

1722

Su rostro en una cama de cabellos,
Cual flores en un lecho –
Su mano era más blanca que el esperma
Que nutre la sagrada luz.
Su lengua era más tierna que el sonido

That totters in the leaves –
Who hears may be incredulous,
Who witnesses, believes.

?

1945

1732

My life closed twice before its close –
It yet remains to see
If Immortality unveil
A third event to me

So huge, so hopeless to conceive
As these that twice befell.
Parting is all we know of heaven,
And all we need of hell.

?

1896

1737

Rearrange a «Wife's» affection!
When they dislocate my Brain!
Amputate my freckled Bosom!
Make me bearded like a man!

Blush, my spirit, in thy Fastness –
Blush, my unacknowledged clay –
Seven years of troth have taught thee
More than Wifehood ever may!

Love that never leaped its socket –
Trust entrenched in narrow pain –
Constancy thro' fire – awarded –
Anguish – bare of anodyne!

Burden – borne so far triumphant –
None suspect me of the crown,

Que en las hojas se mece –
Quien lo oye puede ser incrédulo,
Quien lo presencia, cree.

1732

Mi vida se cerró dos veces antes de su cierre –
Aunque queda por ver
Si la Inmortalidad desvela
Un tercer acontecimiento para mí

Tan enorme, tan imposible de concebir
Como los que dos veces sucedieron.
La Despedida es lo único que sabemos del cielo
Y todo lo que necesitamos del infierno.

1737

¡Recomponed un cariño de «Esposa»!
¡Cuando disloquen mi cerebro!
¡Amputad mi pecoso Pecho!
¡Hacedme barbada como un hombre!

¡Ruborízate, espíritu, en tu Certeza –
Ruboriza mi no reconocida arcilla –
Siete años de fidelidad te han enseñado
Más de lo que una Esposa nunca pueda!

¡Amor que nunca sobrepasó su cuenca –
Confianza atrincherada en estrecho dolor –
Constancia – otorgada – por el fuego
Angustia – libre de lo anodino!

Carga – llevada triunfalmente hasta ahora –
Nadie advierte mi corona,

For I wear the «Thorns» till *Sunset* –
Then – my Diadem put on.

Big my Secret but it's *bandaged* –
It will never get away
Till the Day its Weary Keeper
Leads through the Grave to thee.

? 1945

1739

Some say goodnight – at night –
I say goodnight by day –
Good-bye – the Going utter me –
Goodnight, I still reply –

For parting, that is night,
And presence, simply dawn –
Itself, the purple on the height
Denominated morn.

? 1929

1740

Sweet is the swamp with its secrets,
Until we meet a snake;
'Tis then we sigh for houses,
And our departure take
At that enthralling gallop
That only childhood knows.
A snake is summer's treason,
And guile is where it goes.

? 1896

Pues llevo las «Espinas» hasta el *Ocaso* –
Luego – me pongo mi Diadema.

Es grande mi Secreto pero está *amordazado* –
Y nunca ha de escaparse
Hasta el Día en el que su Cansado Guardián
A través de la Tumba hasta ti lo conduzca.

1739

Algunos dicen buenas noches – por la noche –
Yo digo buenas noches por el día –
Adiós – dice el que Pasa –
Buenas noches, contesto sin embargo –

Porque el marcharse, eso es la noche,
Y la presencia, simplemente el alba –
Ella misma, la púrpura en la altura
Denominada la mañana.

1740

Dulce es el pantano con sus secretos,
Hasta que tropezamos con una serpiente;
Entonces suspiramos por las casas,
Y es nuestra partida
Como el galope embelesado
Que sólo la infancia conoce.
La serpiente es la traición del verano,
Y el engaño está allí donde ella va.

1741

That it will never come again
Is what makes life so sweet.
Believing what we don't believe
Does not exhilarate.

That if it be, it be at best
An ablative estate –
This instigates an appetite
Precisely opposite.

?   1945

1742

The distance that the dead have gone
Does not at first appear –
Their coming back seems possible
For many an ardent year.

And then, that we have followed them,
We more than half suspect,
So intimate have we become
With their dear retrospect.

?   1896

1743

The grave my little cottage is,
Where «Keeping house» for thee
I make my parlor orderly
And lay the marble tea.

For two divided, briefly,
A cycle, it may be,
Till everlasting life unite
In strong society.

?   1896

1741

Que nunca ha de volver
Es lo que hace la vida tan agradable.
Creer en lo que no creemos
No estimula.

Porque si fuera, sería como mucho
Ablativa heredad —
Esto despierta un apetito
Justamente contrario.

1742

La distancia a la que se han ido los muertos
No es visible al principio —
Su retorno nos parece posible
Durante muchos y vehementes años.

Y una vez que les hemos seguido
Sospechamos muy mucho,
Tanto hemos intimado
Con su amado recuerdo.

1743

La tumba es mi casita,
Que «Ordeno» para ti
Dispongo mi salón
Y sirvo el té de mármol.

Para dos separados, brevemente,
Un ciclo, puede ser,
Hasta que la perpetua vida se una
En fuerte sociedad.

1744

The joy that has no stem nor core,
Nor seed that we can sow,
Is edible to longing,
But ablative to show.

By fundamental palates
Those products are preferred
Impregnable to transit
And patented by pod.

?   *1945*

1748

The reticent volcano keeps
His never slumbering plan –
Confided are his projects pink
To no precarious man.

If nature will not tell the tale
Jehovah told to her
Can human nature not survive
Without a listener?

Admonished by her buckled lips.
Let every babbler be
The only secret people keep
Is Immortality.

?   *1896*

La alegría sin corazón ni tallo,
Ni semilla que podamos sembrar,
Para el anhelo es comestible,
Pero ablativa para la apariencia.

El paladar fundamental
Prefiere esos productos
Al paso inexpugnables
Y patentados por la vaina*.

1748

El reticente volcán guarda
Su plan que nunca duerme –
Sus proyectos rosados no confía
A hombre precario alguno.

Si la naturaleza el cuento no relata
Que Jehová le contó
¿No puede la naturaleza humana
sobrevivir sin un oyente?

Que todo charlatán
De sus labios sellados tome ejemplo
El único secreto que guardamos
Es la Inmortalidad.

---

* Quizá la autora juega también en el poema con otro significado del término *pod* (v. 8), que encajaría perfectamente en el tono del poema; aquél que, atestiguado como uso dialectal de East Anglia (Inglaterra) a partir de 1825, significa protuberancia del abdomen o panza. *(N. del T.)*

1750

The words the happy say
Are paltry melody
But those the silent feel
Are beautiful –

?   *1945*

1755

To make a prairie it takes a clover and one bee,
One clover, and a bee,
And revery.
The revery alone will do,
If bees are few.

?   *1896*

1757

Upon the gallows hung a wretch,
Too sullied for the hell
To which the law entitled him.
As nature's curtain fell
The one who bore him tottered in, –
For this was woman's son.
«'Twas all I had,» she stricken gasped –
Oh, what a livid boon!

?   *1896*

1760

Elysium is as far as to
The very nearest Room
If in that Room a Friend await
Felicity or Doom –

1750

Las palabras que dicen los felices
Son melodía badalí
Pero aquellas que sienten los silentes
Son hermosas –

1755

Para que haya pradera se necesita un trébol y una abeja,
Un trébol, una abeja
Y el ensueño
Con el ensueño bastará,
Si las abejas escasean.

1757

De la horca colgaba un infeliz,
Demasiado sucio para el infierno
Al que la ley le daba acceso.
Cuando cayó el telón de la naturaleza
Quien lo llevó en su seno entró tambaleándose, –
Pues era el hijo de la mujer.
«Era todo lo que tenía», gritó con voz entrecortada –
¡Oh, qué lívida dádiva!

1760

El Elíseo está tan lejos como
La Habitación de al lado
Si en esa Habitación un Amigo esperase
Condena o Alegría –

What fortitude the Soul contains,
That it can so endure
The accent of a coming Foot –
The opening of a Door –

c. 1882

1890

1763

Fame is a bee.
　　It has a song –
It has a sting –
　　Ah, too, it has a wing.

?

1898

1764

The saddest noise, the sweetest noise,
　　The maddest noise that grows, –
The birds, they make it in the spring.
　　At night's delicious close.

Between the March and April line –
　　That magical frontier
Beyond which summer hesitates,
　　Almost too heavenly near.

It makes us think of all the dead
　　That sauntered with us here,
By separation's sorcery
　　Made cruelly more dear.

It makes us think of what we had,
　　And what we now deplore.
We almost wish those siren throats
　　Would go and sing no more.

Qué fuerza tiene el Alma,
Que así resiste
El acento de un Pie que se aproxima –
El abrirse una Puerta –

1763

La Fama es una abeja
Tiene canción –
Tiene aguijón –
Ah, y también tiene alas.

1764

El más triste sonido, el sonido más dulce,
El más loco sonido que se expande, –
Lo hacen los pájaros en primavera,
Al término exquisito de la noche.

En lo que va de Marzo a Abril –
La mágica frontera
Allende de la cual duda el verano,
Casi excesivo en su proximidad celeste.

Nos trae a la memoria a nuestros muertos
Que paseaban tranquilos con nosotros,
Por hechizo de la separación
Convertidos cruelmente en más queridos.

Nos trae a la memoria aquello que tuvimos,
Y que ahora deploramos.
Casi deseamos que esas gargantas de sirena
Se fueran y no cantaran más.

An ear can break a human heart
    As quickly as a spear,
We wish the ear had not a heart
    So dangerously near.

?   *1898*

1765

That Love is all there is,
Is all we know of Love;
It is enough, the freight should be
Proportioned to the groove.

?   *1914*

1768

Lad of Athens, faithful be
To Thyself,
And Mystery —
All the rest is Perjury —

c. 1883   *1931*

1770

Experiment escorts us last —
His pungent company
Will not allow an Axiom
An Opportunity

c. 1870   *1945*

1772

Let me not thirst with this Hock at my Lip,
Nor beg, with Domains in my Pocket —
c. 1881   *1945*

El oído puede romper un corazón humano
    Tan rápido como una lanza,
Ojalá no tuviera corazón el oído
    Tan peligrosamente cerca.

1765

Que el Amor es lo único que hay,
Eso y no más sabemos del Amor;
Con esto basta, que la carga debe
Estar proporcionada con el surco.

1768

Sé fiel, joven de Atenas,
A Ti mismo
Y al Misterio –
Lo demás es Perjurio –

1770

El Experimento es lo último que nos escolta –
Su mordaz compañía
No dejará al Axioma
Una Oportunidad

1772

No me dejéis sedienta con el Vino en los Labios,
Ni mendigar, con Heredades en el Bolsillo –

1774

Too happy Time dissolves itself
And leaves no remnant by –
'Tis Anguish not a Feather hath
Or too much weight to fly –

c. 1870

1945

1775

The earth has many keys.
Where melody is not
Is the unknown peninsula.
Beauty is nature's fact.

But witness for her land,
And witness for her sea,
The cricket is her utmost
Of elegy to me.

?

1945

1774

El Tiempo más feliz se desvanece
Y no deja vestigio –
Es que la Angustia carece de Plumas
O para el vuelo pesa demasiado –

1775

La tierra tiene muchas claves.
Donde no hay melodía
Es la ignota península.
La Belleza es el hecho de la naturaleza.

Pero testigo de su suelo,
Y de su mar testigo,
El grillo es para mí
Su suprema elegía.

ÍNDICE DE PRIMEROS VERSOS
(ESPAÑOL)

ÍNDICE DE PRIMEROS VERSOS
(INGLÉS)

[383]

[384]

ÍNDICE

Colección Letras Universales

DE PRÓXIMA APARICIÓN